ANUARIO LIGA 2022/2023

ÍNDICE

EQUIPOS EN CATEGORÍA NACIONAL TEMPORADA 2022/2023

PRIMERA LA LIGA

SEGUNDA LA LIGA 2

PRIMERA RFEF

SEGUNDA RFEF

TERCERA RFEF

LaLiga

U.D. ALMERÍA

ATHLETIC CLUB

ATLÉTICO DE MADRID

F.C. BARCELONA

CADIZ C.F.

R.C. CELTA

ELCHE C.F.

R.C.D. ESPANYOL

GETAFE C.F.

GIRONA F.C.

R.C.D. MALLORCA

C.AT. OSASUNA

RAYO VALLECANO

R. BETIS BALOMPIÉ

REAL MADRID

REAL SOCIEDAD

REAL VALLADOLID

SEVILLA F.C.

VALENCIA C.F.

VILLARREAL C.F.

2022-2023

LaLiga

Jornada 1 (14/08/2022)

Athletic Club	RCD Mallorca SAD
FC Barcelona	Rayo Vallecano de Madrid SAD
Real Betis Balompié SAD	Elche CF SAD
RC Celta de Vigo SAD	RCD Espanyol de Barcelona SAD
Cádiz CF SAD	Real Sociedad de Fútbol SAD
Club Atlético Osasuna	Sevilla FC SAD
UD Almería SAD	Real Madrid CF
Getafe CF SAD	Club Atlético de Madrid SAD
Real Valladolid CF SAD	Villarreal CF SAD
Valencia CF SAD	Girona FC SAD

Jornada 2 (21/08/2022)

Athletic Club	Valencia CF SAD
Club Atlético de Madrid SAD	Villarreal CF SAD
RC Celta de Vigo SAD	Real Madrid CF
RCD Espanyol de Barcelona SAD	Rayo Vallecano de Madrid SAD
Sevilla FC SAD	Real Valladolid CF SAD
Real Sociedad de Fútbol SAD	FC Barcelona
RCD Mallorca SAD	Real Betis Balompié SAD
Girona FC SAD	Getafe CF SAD
Club Atlético Osasuna	Cádiz CF SAD
Elche CF SAD	UD Almería SAD

Jornada 3 (28/08/2022)

FC Barcelona	Real Valladolid CF SAD
Real Betis Balompié SAD	Club Atlético Osasuna
Elche CF SAD	Real Sociedad de Fútbol SAD
Getafe CF SAD	Villarreal CF SAD
RCD Espanyol de Barcelona SAD	Real Madrid CF
UD Almería SAD	Sevilla FC SAD
Cádiz CF SAD	Athletic Club
Valencia CF SAD	Club Atlético de Madrid SAD
Girona FC SAD	RC Celta de Vigo SAD
Rayo Vallecano de Madrid SAD	RCD Mallorca SAD

2022-2023

Jornada 4 (04/09/2022)

Athletic Club	RCD Espanyol de Barcelona SAD
Club Atlético Osasuna	Rayo Vallecano de Madrid SAD
Real Sociedad de Fútbol SAD	Club Atlético de Madrid SAD
Sevilla FC SAD	FC Barcelona
Real Madrid CF	Real Betis Balompié SAD
Villarreal CF SAD	Elche CF SAD
Valencia CF SAD	Getafe CF SAD
RC Celta de Vigo SAD	Cádiz CF SAD
Real Valladolid CF SAD	UD Almería SAD
RCD Mallorca SAD	Girona FC SAD

Jornada 5 (11/09/2022)

Club Atlético de Madrid SAD	RC Celta de Vigo SAD
Real Betis Balompié SAD	Villarreal CF SAD
Getafe CF SAD	Real Sociedad de Fútbol SAD
RCD Espanyol de Barcelona SAD	Sevilla FC SAD
Rayo Vallecano de Madrid SAD	Valencia CF SAD
UD Almería SAD	Club Atlético Osasuna
Girona FC SAD	Real Valladolid CF SAD
Elche CF SAD	Athletic Club
Cádiz CF SAD	FC Barcelona
Real Madrid CF	RCD Mallorca SAD

Jornada 6 (18/09/2022)

Athletic Club	Rayo Vallecano de Madrid SAD
Club Atlético de Madrid SAD	Real Madrid CF
FC Barcelona	Elche CF SAD
Real Betis Balompié SAD	Girona FC SAD
Valencia CF SAD	RC Celta de Vigo SAD
Club Atlético Osasuna	Getafe CF SAD
Real Valladolid CF SAD	Cádiz CF SAD
Real Sociedad de Fútbol SAD	RCD Espanyol de Barcelona SAD
Villarreal CF SAD	Sevilla FC SAD
RCD Mallorca SAD	UD Almería SAD

2022-2023

LaLiga

Jornada 7 (02/10/2022)

Getafe CF SAD	Real Valladolid CF SAD
Cádiz CF SAD	Villarreal CF SAD
RCD Espanyol de Barcelona SAD	Valencia CF SAD
Girona FC SAD	Real Sociedad de Fútbol SAD
Sevilla FC SAD	Club Atlético de Madrid SAD
RCD Mallorca SAD	FC Barcelona
RC Celta de Vigo SAD	Real Betis Balompié SAD
Rayo Vallecano de Madrid SAD	Elche CF SAD
Real Madrid CF	Club Atlético Osasuna
Athletic Club	UD Almería SAD

Jornada 8 (09/10/2022)

Club Atlético de Madrid SAD	Girona FC SAD
FC Barcelona	RC Celta de Vigo SAD
Elche CF SAD	RCD Mallorca SAD
Getafe CF SAD	Real Madrid CF
Cádiz CF SAD	RCD Espanyol de Barcelona SAD
Club Atlético Osasuna	Valencia CF SAD
Real Sociedad de Fútbol SAD	Villarreal CF SAD
UD Almería SAD	Rayo Vallecano de Madrid SAD
Sevilla FC SAD	Athletic Club
Real Valladolid CF SAD	Real Betis Balompié SAD

Jornada 9 (16/10/2022)

Athletic Club	Club Atlético de Madrid SAD
RC Celta de Vigo SAD	Real Sociedad de Fútbol SAD
RCD Mallorca SAD	Sevilla FC SAD
RCD Espanyol de Barcelona SAD	Real Valladolid CF SAD
Real Madrid CF	FC Barcelona
Valencia CF SAD	Elche CF SAD
Rayo Vallecano de Madrid SAD	Getafe CF SAD
Girona FC SAD	Cádiz CF SAD
Villarreal CF SAD	Club Atlético Osasuna
Real Betis Balompié SAD	UD Almería SAD

2022-2023

LaLiga

Jornada 10 (19/10/2022)

Club Atlético de Madrid SAD	Rayo Vallecano de Madrid SAD
FC Barcelona	Villarreal CF SAD
Elche CF SAD	Real Madrid CF
Sevilla FC SAD	Valencia CF SAD
UD Almería SAD	Girona FC SAD
Getafe CF SAD	Athletic Club
Cádiz CF SAD	Real Betis Balompié SAD
Real Valladolid CF SAD	RC Celta de Vigo SAD
Real Sociedad de Fútbol SAD	RCD Mallorca SAD
Club Atlético Osasuna	RCD Espanyol de Barcelona SAD

Jornada 11 (23/10/2022)

RC Celta de Vigo SAD	Getafe CF SAD
Real Madrid CF	Sevilla FC SAD
Girona FC SAD	Club Atlético Osasuna
FC Barcelona	Athletic Club
Real Betis Balompié SAD	Club Atlético de Madrid SAD
RCD Espanyol de Barcelona SAD	Elche CF SAD
Valencia CF SAD	RCD Mallorca SAD
Rayo Vallecano de Madrid SAD	Cádiz CF SAD
Real Valladolid CF SAD	Real Sociedad de Fútbol SAD
Villarreal CF SAD	UD Almería SAD

Jornada 12 (30/10/2022)

Athletic Club	Villarreal CF SAD
Elche CF SAD	Getafe CF SAD
Club Atlético Osasuna	Real Valladolid CF SAD
UD Almería SAD	RC Celta de Vigo SAD
Cádiz CF SAD	Club Atlético de Madrid SAD
Valencia CF SAD	FC Barcelona
Real Sociedad de Fútbol SAD	Real Betis Balompié SAD
RCD Mallorca SAD	RCD Espanyol de Barcelona SAD
Sevilla FC SAD	Rayo Vallecano de Madrid SAD
Real Madrid CF	Girona FC SAD

2022-2023

LaLiga

Jornada 13 (06/11/2022)

Club Atlético de Madrid SAD	RCD Espanyol de Barcelona SAD
Real Betis Balompié SAD	Sevilla FC SAD
RC Celta de Vigo SAD	Club Atlético Osasuna
Real Sociedad de Fútbol SAD	Valencia CF SAD
Rayo Vallecano de Madrid SAD	Real Madrid CF
Girona FC SAD	Athletic Club
Real Valladolid CF SAD	Elche CF SAD
Villarreal CF SAD	RCD Mallorca SAD
Getafe CF SAD	Cádiz CF SAD
FC Barcelona	UD Almería SAD

Jornada 14 (09/11/2022)

Athletic Club	Real Valladolid CF SAD
Elche CF SAD	Girona FC SAD
RCD Espanyol de Barcelona SAD	Villarreal CF SAD
UD Almería SAD	Getafe CF SAD
RCD Mallorca SAD	Club Atlético de Madrid SAD
Club Atlético Osasuna	FC Barcelona
Valencia CF SAD	Real Betis Balompié SAD
Rayo Vallecano de Madrid SAD	RC Celta de Vigo SAD
Real Madrid CF	Cádiz CF SAD
Sevilla FC SAD	Real Sociedad de Fútbol SAD

Jornada 15 (31/12/2022)

Club Atlético de Madrid SAD	Elche CF SAD
FC Barcelona	RCD Espanyol de Barcelona SAD
RC Celta de Vigo SAD	Sevilla FC SAD
Getafe CF SAD	RCD Mallorca SAD
Girona FC SAD	Rayo Vallecano de Madrid SAD
Real Betis Balompié SAD	Athletic Club
Real Sociedad de Fútbol SAD	Club Atlético Osasuna
Real Valladolid CF SAD	Real Madrid CF
Villarreal CF SAD	Valencia CF SAD
Cádiz CF SAD	UD Almería SAD

2022-2023

LaLiga

Jornada 16 (08/01/2023)

Athletic Club	Club Atlético Osasuna
Club Atlético de Madrid SAD	FC Barcelona
RCD Mallorca SAD	Real Valladolid CF SAD
RCD Espanyol de Barcelona SAD	Girona FC SAD
UD Almería SAD	Real Sociedad de Fútbol SAD
Rayo Vallecano de Madrid SAD	Real Betis Balompié SAD
Elche CF SAD	RC Celta de Vigo SAD
Sevilla FC SAD	Getafe CF SAD
Valencia CF SAD	Cádiz CF SAD
Villarreal CF SAD	Real Madrid CF

Jornada 17 (14/01/2023)

RC Celta de Vigo SAD	Villarreal CF SAD
Cádiz CF SAD	Elche CF SAD
Real Madrid CF	Valencia CF SAD
UD Almería SAD	Club Atlético de Madrid SAD
Girona FC SAD	Sevilla FC SAD
Real Sociedad de Fútbol SAD	Athletic Club
Real Betis Balompié SAD	FC Barcelona
Club Atlético Osasuna	RCD Mallorca SAD
Getafe CF SAD	RCD Espanyol de Barcelona SAD
Real Valladolid CF SAD	Rayo Vallecano de Madrid SAD

Jornada 18 (22/01/2023)

Athletic Club	Real Madrid CF
Club Atlético de Madrid SAD	Real Valladolid CF SAD
FC Barcelona	Getafe CF SAD
Elche CF SAD	Club Atlético Osasuna
Rayo Vallecano de Madrid SAD	Real Sociedad de Fútbol SAD
RCD Espanyol de Barcelona SAD	Real Betis Balompié SAD
RCD Mallorca SAD	RC Celta de Vigo SAD
Sevilla FC SAD	Cádiz CF SAD
Valencia CF SAD	UD Almería SAD
Villarreal CF SAD	Girona FC SAD

2022-2023

LaLiga

Jornada 19 (29/01/2023)

Cádiz CF SAD	RCD Mallorca SAD
Real Madrid CF	Real Sociedad de Fútbol SAD
UD Almería SAD	RCD Espanyol de Barcelona SAD
RC Celta de Vigo SAD	Athletic Club
Club Atlético Osasuna	Club Atlético de Madrid SAD
Girona FC SAD	FC Barcelona
Getafe CF SAD	Real Betis Balompié SAD
Sevilla FC SAD	Elche CF SAD
Real Valladolid CF SAD	Valencia CF SAD
Villarreal CF SAD	Rayo Vallecano de Madrid SAD

Jornada 20 (05/02/2023)

Athletic Club	Cádiz CF SAD
Club Atlético de Madrid SAD	Getafe CF SAD
FC Barcelona	Sevilla FC SAD
Real Betis Balompié SAD	RC Celta de Vigo SAD
Elche CF SAD	Villarreal CF SAD
RCD Mallorca SAD	Real Madrid CF
RCD Espanyol de Barcelona SAD	Club Atlético Osasuna
Real Sociedad de Fútbol SAD	Real Valladolid CF SAD
Girona FC SAD	Valencia CF SAD
Rayo Vallecano de Madrid SAD	UD Almería SAD

Jornada 21 (12/02/2023)

Getafe CF SAD	Rayo Vallecano de Madrid SAD
Cádiz CF SAD	Girona FC SAD
RCD Espanyol de Barcelona SAD	Real Sociedad de Fútbol SAD
UD Almería SAD	Real Betis Balompié SAD
Valencia CF SAD	Athletic Club
RC Celta de Vigo SAD	Club Atlético de Madrid SAD
Villarreal CF SAD	FC Barcelona
Real Madrid CF	Elche CF SAD
Sevilla FC SAD	RCD Mallorca SAD
Real Valladolid CF SAD	Club Atlético Osasuna

2022-2023

Jornada 22 (19/02/2023)

FC Barcelona	Cádiz CF SAD
Real Betis Balompié SAD	Real Valladolid CF SAD
Elche CF SAD	RCD Espanyol de Barcelona SAD
RCD Mallorca SAD	Villarreal CF SAD
Getafe CF SAD	Valencia CF SAD
Club Atlético Osasuna	Real Madrid CF
Rayo Vallecano de Madrid SAD	Sevilla FC SAD
Club Atlético de Madrid SAD	Athletic Club
Real Sociedad de Fútbol SAD	RC Celta de Vigo SAD
Girona FC SAD	UD Almería SAD

Jornada 23 (26/02/2023)

Athletic Club	Girona FC SAD
RC Celta de Vigo SAD	Real Valladolid CF SAD
Cádiz CF SAD	Rayo Vallecano de Madrid SAD
RCD Espanyol de Barcelona SAD	RCD Mallorca SAD
UD Almería SAD	FC Barcelona
Real Madrid CF	Club Atlético de Madrid SAD
Elche CF SAD	Real Betis Balompié SAD
Villarreal CF SAD	Getafe CF SAD
Sevilla FC SAD	Club Atlético Osasuna
Valencia CF SAD	Real Sociedad de Fútbol SAD

Jornada 24 (05/03/2023)

Club Atlético de Madrid SAD	Sevilla FC SAD
FC Barcelona	Valencia CF SAD
Real Betis Balompié SAD	Real Madrid CF
Getafe CF SAD	Girona FC SAD
UD Almería SAD	Villarreal CF SAD
Rayo Vallecano de Madrid SAD	Athletic Club
Club Atlético Osasuna	RC Celta de Vigo SAD
RCD Mallorca SAD	Elche CF SAD
Real Sociedad de Fútbol SAD	Cádiz CF SAD
Real Valladolid CF SAD	RCD Espanyol de Barcelona SAD

2022-2023

LaLiga

Jornada 25 (12/03/2023)

Athletic Club	FC Barcelona
RC Celta de Vigo SAD	Rayo Vallecano de Madrid SAD
Elche CF SAD	Real Valladolid CF SAD
RCD Mallorca SAD	Real Sociedad de Fútbol SAD
Cádiz CF SAD	Getafe CF SAD
Girona FC SAD	Club Atlético de Madrid SAD
Villarreal CF SAD	Real Betis Balompié SAD
Real Madrid CF	RCD Espanyol de Barcelona SAD
Valencia CF SAD	Club Atlético Osasuna
Sevilla FC SAD	UD Almería SAD

Jornada 26 (19/03/2023)

Club Atlético de Madrid SAD	Valencia CF SAD
FC Barcelona	Real Madrid CF
Real Betis Balompié SAD	RCD Mallorca SAD
Getafe CF SAD	Sevilla FC SAD
Club Atlético Osasuna	Villarreal CF SAD
UD Almería SAD	Cádiz CF SAD
Real Valladolid CF SAD	Athletic Club
RCD Espanyol de Barcelona SAD	RC Celta de Vigo SAD
Real Sociedad de Fútbol SAD	Elche CF SAD
Rayo Vallecano de Madrid SAD	Girona FC SAD

Jornada 27 (02/04/2023)

Athletic Club	Getafe CF SAD
Club Atlético de Madrid SAD	Real Betis Balompié SAD
RCD Mallorca SAD	Club Atlético Osasuna
Cádiz CF SAD	Sevilla FC SAD
Real Madrid CF	Real Valladolid CF SAD
Elche CF SAD	FC Barcelona
Girona FC SAD	RCD Espanyol de Barcelona SAD
Villarreal CF SAD	Real Sociedad de Fútbol SAD
Valencia CF SAD	Rayo Vallecano de Madrid SAD
RC Celta de Vigo SAD	UD Almería SAD

2022-2023

LaLiga

Jornada 28 (09/04/2023)

FC Barcelona	Girona FC SAD
Real Betis Balompié SAD	Cádiz CF SAD
Real Madrid CF	Villarreal CF SAD
UD Almería SAD	Valencia CF SAD
RCD Espanyol de Barcelona SAD	Athletic Club
Rayo Vallecano de Madrid SAD	Club Atlético de Madrid SAD
Sevilla FC SAD	RC Celta de Vigo SAD
Club Atlético Osasuna	Elche CF SAD
Real Valladolid CF SAD	RCD Mallorca SAD
Real Sociedad de Fútbol SAD	Getafe CF SAD

Jornada 29 (16/04/2023)

Athletic Club	Real Sociedad de Fútbol SAD
Real Betis Balompié SAD	RCD Espanyol de Barcelona SAD
RC Celta de Vigo SAD	RCD Mallorca SAD
Cádiz CF SAD	Real Madrid CF
Villarreal CF SAD	Real Valladolid CF SAD
Getafe CF SAD	FC Barcelona
Girona FC SAD	Elche CF SAD
Rayo Vallecano de Madrid SAD	Club Atlético Osasuna
Valencia CF SAD	Sevilla FC SAD
Club Atlético de Madrid SAD	UD Almería SAD

Jornada 30 (23/04/2023)

Elche CF SAD	Valencia CF SAD
Sevilla FC SAD	Villarreal CF SAD
UD Almería SAD	Athletic Club
FC Barcelona	Club Atlético de Madrid SAD
Club Atlético Osasuna	Real Betis Balompié SAD
Real Madrid CF	RC Celta de Vigo SAD
RCD Mallorca SAD	Getafe CF SAD
RCD Espanyol de Barcelona SAD	Cádiz CF SAD
Real Sociedad de Fútbol SAD	Rayo Vallecano de Madrid SAD
Real Valladolid CF SAD	Girona FC SAD

2022-2023

LaLiga

Jornada 31 (26/04/2023)

Athletic Club	Sevilla FC SAD
Club Atlético de Madrid SAD	RCD Mallorca SAD
Real Betis Balompié SAD	Real Sociedad de Fútbol SAD
RC Celta de Vigo SAD	Elche CF SAD
Cádiz CF SAD	Club Atlético Osasuna
Valencia CF SAD	Real Valladolid CF SAD
Girona FC SAD	Real Madrid CF
Rayo Vallecano de Madrid SAD	FC Barcelona
Villarreal CF SAD	RCD Espanyol de Barcelona SAD
Getafe CF SAD	UD Almería SAD

Jornada 32 (30/04/2023)

FC Barcelona	Real Betis Balompié SAD
Elche CF SAD	Rayo Vallecano de Madrid SAD
Cádiz CF SAD	Valencia CF SAD
RCD Espanyol de Barcelona SAD	Getafe CF SAD
Club Atlético Osasuna	Real Sociedad de Fútbol SAD
RCD Mallorca SAD	Athletic Club
Real Valladolid CF SAD	Club Atlético de Madrid SAD
Villarreal CF SAD	RC Celta de Vigo SAD
Real Madrid CF	UD Almería SAD
Sevilla FC SAD	Girona FC SAD

Jornada 33 (03/05/2023)

Athletic Club	Real Betis Balompié SAD
Club Atlético de Madrid SAD	Cádiz CF SAD
FC Barcelona	Club Atlético Osasuna
Valencia CF SAD	Villarreal CF SAD
Rayo Vallecano de Madrid SAD	Real Valladolid CF SAD
UD Almería SAD	Elche CF SAD
Girona FC SAD	RCD Mallorca SAD
Getafe CF SAD	RC Celta de Vigo SAD
Sevilla FC SAD	RCD Espanyol de Barcelona SAD
Real Sociedad de Fútbol SAD	Real Madrid CF

2022-2023

LaLiga

Jornada 34 (14/05/2023)

Real Betis Balompié SAD	Rayo Vallecano de Madrid SAD
RC Celta de Vigo SAD	Valencia CF SAD
Villarreal CF SAD	Athletic Club
Elche CF SAD	Club Atlético de Madrid SAD
RCD Espanyol de Barcelona SAD	FC Barcelona
Real Madrid CF	Getafe CF SAD
RCD Mallorca SAD	Cádiz CF SAD
Real Valladolid CF SAD	Sevilla FC SAD
Club Atlético Osasuna	UD Almería SAD
Real Sociedad de Fútbol SAD	Girona FC SAD

Jornada 35 (21/05/2023)

Athletic Club	RC Celta de Vigo SAD
Club Atlético de Madrid SAD	Club Atlético Osasuna
FC Barcelona	Real Sociedad de Fútbol SAD
Cádiz CF SAD	Real Valladolid CF SAD
UD Almería SAD	RCD Mallorca SAD
Girona FC SAD	Villarreal CF SAD
Sevilla FC SAD	Real Betis Balompié SAD
Getafe CF SAD	Elche CF SAD
Rayo Vallecano de Madrid SAD	RCD Espanyol de Barcelona SAD
Valencia CF SAD	Real Madrid CF

Jornada 36 (24/05/2023)

Real Betis Balompié SAD	Getafe CF SAD
RC Celta de Vigo SAD	Girona FC SAD
Elche CF SAD	Sevilla FC SAD
RCD Mallorca SAD	Valencia CF SAD
Club Atlético Osasuna	Athletic Club
RCD Espanyol de Barcelona SAD	Club Atlético de Madrid SAD
Real Valladolid CF SAD	FC Barcelona
Villarreal CF SAD	Cádiz CF SAD
Real Madrid CF	Rayo Vallecano de Madrid SAD
Real Sociedad de Fútbol SAD	UD Almería SAD

2022-2023

LaLiga

Jornada 37 (28/05/2023)

Athletic Club	Elche CF SAD
Club Atlético de Madrid SAD	Real Sociedad de Fútbol SAD
FC Barcelona	RCD Mallorca SAD
Getafe CF SAD	Club Atlético Osasuna
Cádiz CF SAD	RC Celta de Vigo SAD
Rayo Vallecano de Madrid SAD	Villarreal CF SAD
UD Almería SAD	Real Valladolid CF SAD
Girona FC SAD	Real Betis Balompié SAD
Valencia CF SAD	RCD Espanyol de Barcelona SAD
Sevilla FC SAD	Real Madrid CF

Jornada 38 (04/06/2023)

Real Betis Balompié SAD	Valencia CF SAD
RCD Mallorca SAD	Rayo Vallecano de Madrid SAD
Real Sociedad de Fútbol SAD	Sevilla FC SAD
Real Madrid CF	Athletic Club
Villarreal CF SAD	Club Atlético de Madrid SAD
RC Celta de Vigo SAD	FC Barcelona
Real Valladolid CF SAD	Getafe CF SAD
Elche CF SAD	Cádiz CF SAD
RCD Espanyol de Barcelona SAD	UD Almería SAD
Club Atlético Osasuna	Girona FC SAD

2022-2023

LaLiga2

DEPORTIVO ALAVÉS

ALBACETE BALOMPIÉ

F.C. ANDORRA

BURGOS C.F.

FC.CARTAGENA

S.D. EIBAR

GRANADA C.F.

S.D. HUESCA

U.D. IBIZA

U.D. LAS PALMAS

C.D. LEGANÉS

LEVANTE U.D.

C.D. LUGO

MALAGA C.F.

C.D. MIRANDÉS

R. OVIEDO

S.D. PONFERRADINA

R. RACING C.

R. SPORTING

C.D. TENERIFE

VILLARREAL C.F. B

R. ZARAGOZA

2022-2023

LaLiga2

Jornada 1 (14/08/2022)

Burgos CF SAD	Málaga CF SAD
FC Cartagena SAD	SD Ponferradina SAD
SD Eibar SAD	CD Tenerife SAD
UD Las Palmas SAD	Real Zaragoza SAD
CD Mirandés SAD	Real Sporting de Gijón SAD
Real Racing Club de Santander SAD	Villarreal CF "B"
CD Leganés SAD	Deportivo Alavés SAD
Real Oviedo SAD	FC Andorra
UD Ibiza SAD	Granada CF SAD
Levante UD SAD	SD Huesca SAD
CD Lugo SAD	Albacete Balompié SAD

Jornada 2 (21/08/2022)

Deportivo Alavés SAD	CD Mirandés SAD
Granada CF SAD	Real Racing Club de Santander SAD
Albacete Balompié SAD	Burgos CF SAD
Real Sporting de Gijón SAD	FC Andorra
SD Huesca SAD	FC Cartagena SAD
Villarreal CF "B"	SD Eibar SAD
SD Ponferradina SAD	UD Ibiza SAD
Real Oviedo SAD	CD Leganés SAD
Málaga CF SAD	UD Las Palmas SAD
Real Zaragoza SAD	Levante UD SAD
CD Tenerife SAD	CD Lugo SAD

Jornada 3 (28/08/2022)

FC Cartagena SAD	Real Zaragoza SAD
SD Eibar SAD	SD Ponferradina SAD
Granada CF SAD	Villarreal CF "B"
Levante UD SAD	CD Tenerife SAD
Albacete Balompié SAD	SD Huesca SAD
UD Ibiza SAD	Deportivo Alavés SAD
UD Las Palmas SAD	FC Andorra
Real Sporting de Gijón SAD	Burgos CF SAD
CD Lugo SAD	CD Leganés SAD
CD Mirandés SAD	Málaga CF SAD
Real Racing Club de Santander SAD	Real Oviedo SAD

2022-2023

Jornada 4 (04/09/2022)

Deportivo Alavés SAD	UD Las Palmas SAD
FC Andorra	Granada CF SAD
Burgos CF SAD	FC Cartagena SAD
SD Huesca SAD	UD Ibiza SAD
SD Ponferradina SAD	Real Sporting de Gijón SAD
CD Leganés SAD	SD Eibar SAD
Real Oviedo SAD	Levante UD SAD
Real Zaragoza SAD	CD Lugo SAD
Villarreal CF "B"	CD Mirandés SAD
CD Tenerife SAD	Real Racing Club de Santander SAD
Málaga CF SAD	Albacete Balompié SAD

Jornada 5 (11/09/2022)

Burgos CF SAD	Real Oviedo SAD
SD Eibar SAD	Granada CF SAD
SD Huesca SAD	Málaga CF SAD
UD Ibiza SAD	CD Tenerife SAD
Levante UD SAD	Villarreal CF "B"
SD Ponferradina SAD	Real Zaragoza SAD
CD Lugo SAD	Deportivo Alavés SAD
CD Mirandés SAD	FC Andorra
UD Las Palmas SAD	CD Leganés SAD
Real Sporting de Gijón SAD	Real Racing Club de Santander SAD
FC Cartagena SAD	Albacete Balompié SAD

Jornada 6 (18/09/2022)

Deportivo Alavés SAD	SD Huesca SAD
FC Andorra	SD Eibar SAD
Granada CF SAD	CD Mirandés SAD
Albacete Balompié SAD	SD Ponferradina SAD
CD Leganés SAD	Burgos CF SAD
Levante UD SAD	FC Cartagena SAD
Real Oviedo SAD	UD Ibiza SAD
Real Racing Club de Santander SAD	UD Las Palmas SAD
Villarreal CF "B"	CD Lugo SAD
CD Tenerife SAD	Málaga CF SAD
Real Zaragoza SAD	Real Sporting de Gijón SAD

2022-2023

LaLiga2

Jornada 7 (25/09/2022)

Burgos CF SAD	Levante UD SAD
SD Eibar SAD	Real Racing Club de Santander SAD
SD Huesca SAD	CD Leganés SAD
CD Lugo SAD	Real Oviedo SAD
Málaga CF SAD	Villarreal CF "B"
CD Mirandés SAD	Real Zaragoza SAD
SD Ponferradina SAD	CD Tenerife SAD
Albacete Balompié SAD	FC Andorra
FC Cartagena SAD	Deportivo Alavés SAD
UD Las Palmas SAD	Granada CF SAD
Real Sporting de Gijón SAD	UD Ibiza SAD

Jornada 8 (02/10/2022)

Deportivo Alavés SAD	SD Ponferradina SAD
FC Andorra	Levante UD SAD
Granada CF SAD	SD Huesca SAD
UD Ibiza SAD	CD Lugo SAD
Villarreal CF "B"	Burgos CF SAD
Real Oviedo SAD	FC Cartagena SAD
Real Zaragoza SAD	SD Eibar SAD
CD Mirandés SAD	UD Las Palmas SAD
Real Racing Club de Santander SAD	Málaga CF SAD
CD Tenerife SAD	Real Sporting de Gijón SAD
CD Leganés SAD	Albacete Balompié SAD

Jornada 9 (09/10/2022)

FC Cartagena SAD	CD Leganés SAD
SD Eibar SAD	CD Mirandés SAD
SD Huesca SAD	CD Lugo SAD
Levante UD SAD	Real Racing Club de Santander SAD
Real Sporting de Gijón SAD	Villarreal CF "B"
Albacete Balompié SAD	CD Tenerife SAD
Burgos CF SAD	Deportivo Alavés SAD
Málaga CF SAD	FC Andorra
SD Ponferradina SAD	Granada CF SAD
UD Las Palmas SAD	UD Ibiza SAD
Real Zaragoza SAD	Real Oviedo SAD

2022-2023

Jornada 10 (12/10/2022)

Deportivo Alavés SAD	Albacete Balompié SAD
FC Andorra	Burgos CF SAD
Granada CF SAD	Real Sporting de Gijón SAD
CD Leganés SAD	Málaga CF SAD
Real Racing Club de Santander SAD	Real Zaragoza SAD
CD Tenerife SAD	FC Cartagena SAD
UD Ibiza SAD	SD Eibar SAD
Real Oviedo SAD	SD Huesca SAD
CD Lugo SAD	UD Las Palmas SAD
CD Mirandés SAD	Levante UD SAD
Villarreal CF "B"	SD Ponferradina SAD

Jornada 11 (16/10/2022)

Burgos CF SAD	CD Mirandés SAD
FC Cartagena SAD	UD Ibiza SAD
SD Huesca SAD	Real Racing Club de Santander SAD
Albacete Balompié SAD	Real Oviedo SAD
FC Andorra	Deportivo Alavés SAD
Real Sporting de Gijón SAD	SD Eibar SAD
CD Tenerife SAD	Granada CF SAD
Levante UD SAD	CD Leganés SAD
SD Ponferradina SAD	UD Las Palmas SAD
Málaga CF SAD	CD Lugo SAD
Real Zaragoza SAD	Villarreal CF "B"

Jornada 12 (23/10/2022)

Deportivo Alavés SAD	Real Sporting de Gijón SAD
Granada CF SAD	Real Zaragoza SAD
UD Ibiza SAD	Levante UD SAD
CD Leganés SAD	CD Tenerife SAD
Villarreal CF "B"	FC Andorra
CD Lugo SAD	Burgos CF SAD
UD Las Palmas SAD	FC Cartagena SAD
CD Mirandés SAD	SD Huesca SAD
Real Oviedo SAD	Málaga CF SAD
Real Racing Club de Santander SAD	SD Ponferradina SAD
SD Eibar SAD	Albacete Balompié SAD

2022-2023

LaLiga2

Jornada 13 (30/10/2022)

Deportivo Alavés SAD	Real Oviedo SAD
FC Andorra	SD Ponferradina SAD
Burgos CF SAD	UD Ibiza SAD
FC Cartagena SAD	Granada CF SAD
SD Huesca SAD	UD Las Palmas SAD
CD Leganés SAD	Real Racing Club de Santander SAD
Levante UD SAD	Real Sporting de Gijón SAD
CD Lugo SAD	CD Mirandés SAD
CD Tenerife SAD	Real Zaragoza SAD
Albacete Balompié SAD	Villarreal CF "B"
Málaga CF SAD	SD Eibar SAD

Jornada 14 (02/11/2022)

FC Cartagena SAD	Málaga CF SAD
SD Eibar SAD	CD Lugo SAD
Granada CF SAD	Levante UD SAD
UD Ibiza SAD	CD Leganés SAD
CD Mirandés SAD	CD Tenerife SAD
Real Racing Club de Santander SAD	Deportivo Alavés SAD
Real Zaragoza SAD	FC Andorra
UD Las Palmas SAD	Burgos CF SAD
SD Ponferradina SAD	SD Huesca SAD
Villarreal CF "B"	Real Oviedo SAD
Real Sporting de Gijón SAD	Albacete Balompié SAD

Jornada 15 (06/11/2022)

Deportivo Alavés SAD	Real Zaragoza SAD
FC Andorra	Real Racing Club de Santander SAD
Burgos CF SAD	CD Tenerife SAD
SD Huesca SAD	Villarreal CF "B"
UD Ibiza SAD	CD Mirandés SAD
CD Leganés SAD	SD Ponferradina SAD
Málaga CF SAD	Real Sporting de Gijón SAD
Albacete Balompié SAD	Levante UD SAD
CD Lugo SAD	FC Cartagena SAD
UD Las Palmas SAD	SD Eibar SAD
Real Oviedo SAD	Granada CF SAD

2022-2023

LaLiga2

Jornada 16 (20/11/2022)

FC Andorra	CD Lugo SAD
Levante UD SAD	UD Las Palmas SAD
SD Eibar SAD	Deportivo Alavés SAD
Real Racing Club de Santander SAD	Burgos CF SAD
CD Mirandés SAD	FC Cartagena SAD
CD Tenerife SAD	SD Huesca SAD
Villarreal CF "B"	UD Ibiza SAD
Real Sporting de Gijón SAD	CD Leganés SAD
Real Zaragoza SAD	Málaga CF SAD
SD Ponferradina SAD	Real Oviedo SAD
Granada CF SAD	Albacete Balompié SAD

Jornada 17 (27/11/2022)

Deportivo Alavés SAD	Villarreal CF "B"
Burgos CF SAD	Real Zaragoza SAD
FC Cartagena SAD	SD Eibar SAD
SD Huesca SAD	Real Sporting de Gijón SAD
UD Las Palmas SAD	CD Tenerife SAD
Málaga CF SAD	SD Ponferradina SAD
Albacete Balompié SAD	Real Racing Club de Santander SAD
UD Ibiza SAD	FC Andorra
CD Leganés SAD	Granada CF SAD
CD Lugo SAD	Levante UD SAD
Real Oviedo SAD	CD Mirandés SAD

Jornada 18 (04/12/2022)

FC Andorra	FC Cartagena SAD
SD Eibar SAD	SD Huesca SAD
Levante UD SAD	Málaga CF SAD
Granada CF SAD	Deportivo Alavés SAD
SD Ponferradina SAD	Burgos CF SAD
Real Zaragoza SAD	UD Ibiza SAD
Villarreal CF "B"	CD Leganés SAD
Real Sporting de Gijón SAD	UD Las Palmas SAD
Real Racing Club de Santander SAD	CD Lugo SAD
CD Tenerife SAD	Real Oviedo SAD
CD Mirandés SAD	Albacete Balompié SAD

2022-2023

![LaLiga2 logo]

Jornada 19 (07/12/2022)

Burgos CF SAD	SD Eibar SAD
FC Cartagena SAD	Villarreal CF "B"
UD Ibiza SAD	Real Racing Club de Santander SAD
CD Leganés SAD	CD Mirandés SAD
Levante UD SAD	SD Ponferradina SAD
CD Lugo SAD	Real Sporting de Gijón SAD
Albacete Balompié SAD	Real Zaragoza SAD
CD Tenerife SAD	Deportivo Alavés SAD
SD Huesca SAD	FC Andorra
Málaga CF SAD	Granada CF SAD
Real Oviedo SAD	UD Las Palmas SAD

Jornada 20 (11/12/2022)

Deportivo Alavés SAD	Levante UD SAD
FC Andorra	CD Leganés SAD
SD Eibar SAD	Real Oviedo SAD
UD Ibiza SAD	Málaga CF SAD
Granada CF SAD	Burgos CF SAD
Real Sporting de Gijón SAD	FC Cartagena SAD
Real Zaragoza SAD	SD Huesca SAD
SD Ponferradina SAD	CD Lugo SAD
Real Racing Club de Santander SAD	CD Mirandés SAD
Villarreal CF "B"	CD Tenerife SAD
UD Las Palmas SAD	Albacete Balompié SAD

Jornada 21 (18/12/2022)

Burgos CF SAD	SD Huesca SAD
FC Cartagena SAD	Real Racing Club de Santander SAD
CD Leganés SAD	Real Zaragoza SAD
CD Mirandés SAD	SD Ponferradina SAD
Real Oviedo SAD	Real Sporting de Gijón SAD
Albacete Balompié SAD	UD Ibiza SAD
Málaga CF SAD	Deportivo Alavés SAD
CD Tenerife SAD	FC Andorra
Levante UD SAD	SD Eibar SAD
CD Lugo SAD	Granada CF SAD
Villarreal CF "B"	UD Las Palmas SAD

2022-2023

LaLiga2

Jornada 22 (08/01/2023)

Deportivo Alavés SAD	Burgos CF SAD
FC Andorra	Real Oviedo SAD
SD Eibar SAD	UD Ibiza SAD
CD Leganés SAD	CD Lugo SAD
UD Las Palmas SAD	Real Racing Club de Santander SAD
Málaga CF SAD	CD Tenerife SAD
SD Ponferradina SAD	Villarreal CF "B"
Granada CF SAD	FC Cartagena SAD
Real Sporting de Gijón SAD	Levante UD SAD
Real Zaragoza SAD	CD Mirandés SAD
SD Huesca SAD	Albacete Balompié SAD

Jornada 23 (14/01/2023)

FC Cartagena SAD	SD Huesca SAD
SD Eibar SAD	Málaga CF SAD
UD Ibiza SAD	UD Las Palmas SAD
Real Racing Club de Santander SAD	Real Sporting de Gijón SAD
Villarreal CF "B"	Real Zaragoza SAD
Albacete Balompié SAD	CD Leganés SAD
Real Oviedo SAD	Deportivo Alavés SAD
Burgos CF SAD	FC Andorra
Levante UD SAD	Granada CF SAD
CD Mirandés SAD	CD Lugo SAD
CD Tenerife SAD	SD Ponferradina SAD

Jornada 24 (22/01/2023)

Deportivo Alavés SAD	Real Racing Club de Santander SAD
FC Cartagena SAD	CD Tenerife SAD
Granada CF SAD	UD Ibiza SAD
SD Huesca SAD	Real Oviedo SAD
CD Leganés SAD	Levante UD SAD
UD Las Palmas SAD	CD Mirandés SAD
CD Lugo SAD	Villarreal CF "B"
Real Sporting de Gijón SAD	Real Zaragoza SAD
Málaga CF SAD	Burgos CF SAD
SD Ponferradina SAD	SD Eibar SAD
FC Andorra	Albacete Balompié SAD

2022-2023

LaLiga2

Jornada 25 (29/01/2023)

SD Eibar SAD	CD Leganés SAD
Real Oviedo SAD	Villarreal CF "B"
Real Racing Club de Santander SAD	CD Tenerife SAD
Albacete Balompié SAD	CD Lugo SAD
CD Mirandés SAD	Deportivo Alavés SAD
Granada CF SAD	FC Andorra
Levante UD SAD	Burgos CF SAD
UD Ibiza SAD	FC Cartagena SAD
UD Las Palmas SAD	SD Huesca SAD
Real Sporting de Gijón SAD	Málaga CF SAD
Real Zaragoza SAD	SD Ponferradina SAD

Jornada 26 (05/02/2023)

Deportivo Alavés SAD	SD Eibar SAD
FC Andorra	Real Zaragoza SAD
Burgos CF SAD	UD Las Palmas SAD
FC Cartagena SAD	Levante UD SAD
SD Huesca SAD	CD Mirandés SAD
CD Leganés SAD	Real Sporting de Gijón SAD
Málaga CF SAD	Real Oviedo SAD
SD Ponferradina SAD	Real Racing Club de Santander SAD
Villarreal CF "B"	Granada CF SAD
CD Lugo SAD	UD Ibiza SAD
CD Tenerife SAD	Albacete Balompié SAD

Jornada 27 (12/02/2023)

Granada CF SAD	CD Tenerife SAD
UD Ibiza SAD	SD Ponferradina SAD
UD Las Palmas SAD	CD Lugo SAD
CD Mirandés SAD	Villarreal CF "B"
Albacete Balompié SAD	Málaga CF SAD
Real Zaragoza SAD	Deportivo Alavés SAD
Levante UD SAD	FC Andorra
Real Oviedo SAD	Burgos CF SAD
SD Eibar SAD	FC Cartagena SAD
Real Sporting de Gijón SAD	SD Huesca SAD
Real Racing Club de Santander SAD	CD Leganés SAD

2022-2023

LaLiga2

Jornada 28 (19/02/2023)

Deportivo Alavés SAD	UD Ibiza SAD
FC Andorra	Real Sporting de Gijón SAD
FC Cartagena SAD	Real Oviedo SAD
CD Leganés SAD	UD Las Palmas SAD
Málaga CF SAD	Real Zaragoza SAD
CD Lugo SAD	SD Eibar SAD
SD Huesca SAD	Granada CF SAD
SD Ponferradina SAD	Levante UD SAD
CD Tenerife SAD	CD Mirandés SAD
Villarreal CF "B"	Real Racing Club de Santander SAD
Burgos CF SAD	Albacete Balompié SAD

Jornada 29 (26/02/2023)

Deportivo Alavés SAD	FC Cartagena SAD
SD Eibar SAD	Villarreal CF "B"
Granada CF SAD	Málaga CF SAD
UD Las Palmas SAD	SD Ponferradina SAD
Levante UD SAD	CD Lugo SAD
Real Sporting de Gijón SAD	CD Tenerife SAD
Real Racing Club de Santander SAD	FC Andorra
Real Zaragoza SAD	Burgos CF SAD
UD Ibiza SAD	SD Huesca SAD
CD Mirandés SAD	CD Leganés SAD
Real Oviedo SAD	Albacete Balompié SAD

Jornada 30 (05/03/2023)

FC Andorra	UD Las Palmas SAD
Burgos CF SAD	Granada CF SAD
SD Huesca SAD	Levante UD SAD
CD Lugo SAD	Real Zaragoza SAD
Málaga CF SAD	Real Racing Club de Santander SAD
CD Mirandés SAD	Real Oviedo SAD
Albacete Balompié SAD	Real Sporting de Gijón SAD
Villarreal CF "B"	Deportivo Alavés SAD
SD Ponferradina SAD	FC Cartagena SAD
CD Tenerife SAD	SD Eibar SAD
CD Leganés SAD	UD Ibiza SAD

2022-2023

LaLiga2

Jornada 31 (12/03/2023)

Deportivo Alavés SAD	CD Lugo SAD
Granada CF SAD	SD Ponferradina SAD
UD Ibiza SAD	Villarreal CF "B"
UD Las Palmas SAD	Málaga CF SAD
Real Oviedo SAD	CD Tenerife SAD
FC Cartagena SAD	FC Andorra
SD Eibar SAD	Burgos CF SAD
Real Racing Club de Santander SAD	SD Huesca SAD
Real Zaragoza SAD	CD Leganés SAD
Real Sporting de Gijón SAD	CD Mirandés SAD
Levante UD SAD	Albacete Balompié SAD

Jornada 32 (19/03/2023)

FC Andorra	UD Ibiza SAD
Burgos CF SAD	Real Sporting de Gijón SAD
SD Huesca SAD	Real Zaragoza SAD
CD Leganés SAD	Real Oviedo SAD
CD Lugo SAD	Real Racing Club de Santander SAD
Albacete Balompié SAD	Granada CF SAD
SD Ponferradina SAD	Deportivo Alavés SAD
Villarreal CF "B"	FC Cartagena SAD
CD Mirandés SAD	SD Eibar SAD
CD Tenerife SAD	UD Las Palmas SAD
Málaga CF SAD	Levante UD SAD

Jornada 33 (26/03/2023)

Deportivo Alavés SAD	CD Tenerife SAD
FC Cartagena SAD	CD Lugo SAD
Granada CF SAD	Real Oviedo SAD
UD Las Palmas SAD	Real Sporting de Gijón SAD
SD Eibar SAD	FC Andorra
UD Ibiza SAD	Burgos CF SAD
Villarreal CF "B"	SD Huesca SAD
Málaga CF SAD	CD Leganés SAD
Real Racing Club de Santander SAD	Levante UD SAD
SD Ponferradina SAD	CD Mirandés SAD
Real Zaragoza SAD	Albacete Balompié SAD

2022-2023

LaLiga2

Jornada 31 (12/03/2023)

Deportivo Alavés SAD	CD Lugo SAD
Granada CF SAD	SD Ponferradina SAD
UD Ibiza SAD	Villarreal CF "B"
UD Las Palmas SAD	Málaga CF SAD
Real Oviedo SAD	CD Tenerife SAD
FC Cartagena SAD	FC Andorra
SD Eibar SAD	Burgos CF SAD
Real Racing Club de Santander SAD	SD Huesca SAD
Real Zaragoza SAD	CD Leganés SAD
Real Sporting de Gijón SAD	CD Mirandés SAD
Levante UD SAD	Albacete Balompié SAD

Jornada 32 (19/03/2023)

FC Andorra	UD Ibiza SAD
Burgos CF SAD	Real Sporting de Gijón SAD
SD Huesca SAD	Real Zaragoza SAD
CD Leganés SAD	Real Oviedo SAD
CD Lugo SAD	Real Racing Club de Santander SAD
Albacete Balompié SAD	Granada CF SAD
SD Ponferradina SAD	Deportivo Alavés SAD
Villarreal CF "B"	FC Cartagena SAD
CD Mirandés SAD	SD Eibar SAD
CD Tenerife SAD	UD Las Palmas SAD
Málaga CF SAD	Levante UD SAD

Jornada 33 (26/03/2023)

Deportivo Alavés SAD	CD Tenerife SAD
FC Cartagena SAD	CD Lugo SAD
Granada CF SAD	Real Oviedo SAD
UD Las Palmas SAD	Real Sporting de Gijón SAD
SD Eibar SAD	FC Andorra
UD Ibiza SAD	Burgos CF SAD
Villarreal CF "B"	SD Huesca SAD
Málaga CF SAD	CD Leganés SAD
Real Racing Club de Santander SAD	Levante UD SAD
SD Ponferradina SAD	CD Mirandés SAD
Real Zaragoza SAD	Albacete Balompié SAD

2022-2023

LaLiga2

Jornada 34 (02/04/2023)

FC Andorra	Málaga CF SAD
Burgos CF SAD	Real Racing Club de Santander SAD
Levante UD SAD	Real Zaragoza SAD
CD Lugo SAD	SD Ponferradina SAD
CD Tenerife SAD	Villarreal CF "B"
Albacete Balompié SAD	UD Las Palmas SAD
SD Huesca SAD	Deportivo Alavés SAD
CD Leganés SAD	FC Cartagena SAD
Real Oviedo SAD	SD Eibar SAD
Real Sporting de Gijón SAD	Granada CF SAD
CD Mirandés SAD	UD Ibiza SAD

Jornada 35 (09/04/2023)

Deportivo Alavés SAD	FC Andorra
FC Cartagena SAD	CD Mirandés SAD
SD Eibar SAD	Levante UD SAD
UD Ibiza SAD	Real Sporting de Gijón SAD
UD Las Palmas SAD	Real Oviedo SAD
CD Lugo SAD	CD Tenerife SAD
SD Huesca SAD	Burgos CF SAD
Real Zaragoza SAD	Granada CF SAD
SD Ponferradina SAD	CD Leganés SAD
Villarreal CF "B"	Málaga CF SAD
Real Racing Club de Santander SAD	Albacete Balompié SAD

Jornada 36 (16/04/2023)

FC Andorra	SD Huesca SAD
Burgos CF SAD	SD Ponferradina SAD
Granada CF SAD	UD Las Palmas SAD
CD Leganés SAD	Villarreal CF "B"
Levante UD SAD	CD Mirandés SAD
Albacete Balompié SAD	SD Eibar SAD
Real Sporting de Gijón SAD	Deportivo Alavés SAD
Málaga CF SAD	FC Cartagena SAD
CD Tenerife SAD	UD Ibiza SAD
Real Oviedo SAD	CD Lugo SAD
Real Zaragoza SAD	Real Racing Club de Santander SAD

2022-2023

LaLiga2

Jornada 37 (23/04/2023)

Deportivo Alavés SAD	CD Leganés SAD
FC Cartagena SAD	Real Sporting de Gijón SAD
SD Eibar SAD	Real Zaragoza SAD
SD Huesca SAD	CD Tenerife SAD
UD Ibiza SAD	Real Oviedo SAD
CD Lugo SAD	Málaga CF SAD
SD Ponferradina SAD	FC Andorra
CD Mirandés SAD	Burgos CF SAD
Real Racing Club de Santander SAD	Granada CF SAD
UD Las Palmas SAD	Levante UD SAD
Villarreal CF "B"	Albacete Balompié SAD

Jornada 38 (30/04/2023)

FC Andorra	CD Mirandés SAD
Burgos CF SAD	Villarreal CF "B"
Real Oviedo SAD	SD Ponferradina SAD
Albacete Balompié SAD	FC Cartagena SAD
Levante UD SAD	Deportivo Alavés SAD
Granada CF SAD	SD Eibar SAD
Málaga CF SAD	SD Huesca SAD
Real Racing Club de Santander SAD	UD Ibiza SAD
CD Tenerife SAD	CD Leganés SAD
Real Zaragoza SAD	UD Las Palmas SAD
Real Sporting de Gijón SAD	CD Lugo SAD

Jornada 39 (07/05/2023)

Deportivo Alavés SAD	Granada CF SAD
SD Eibar SAD	UD Las Palmas SAD
CD Mirandés SAD	Real Racing Club de Santander SAD
Real Oviedo SAD	Real Zaragoza SAD
CD Lugo SAD	FC Andorra
FC Cartagena SAD	Burgos CF SAD
CD Leganés SAD	SD Huesca SAD
CD Tenerife SAD	Levante UD SAD
SD Ponferradina SAD	Málaga CF SAD
Villarreal CF "B"	Real Sporting de Gijón SAD
UD Ibiza SAD	Albacete Balompié SAD

2022-2023

LaLiga2

Jornada 40 (14/05/2023)

FC Andorra	CD Tenerife SAD
Burgos CF SAD	CD Leganés SAD
Granada CF SAD	CD Lugo SAD
SD Huesca SAD	SD Ponferradina SAD
UD Las Palmas SAD	Villarreal CF "B"
Málaga CF SAD	CD Mirandés SAD
Albacete Balompié SAD	Deportivo Alavés SAD
Real Zaragoza SAD	FC Cartagena SAD
Real Racing Club de Santander SAD	SD Eibar SAD
Levante UD SAD	UD Ibiza SAD
Real Sporting de Gijón SAD	Real Oviedo SAD

Jornada 41 (21/05/2023)

Deportivo Alavés SAD	Málaga CF SAD
FC Cartagena SAD	UD Las Palmas SAD
SD Eibar SAD	Real Sporting de Gijón SAD
UD Ibiza SAD	Real Zaragoza SAD
Real Oviedo SAD	Real Racing Club de Santander SAD
CD Leganés SAD	FC Andorra
CD Tenerife SAD	Burgos CF SAD
CD Mirandés SAD	Granada CF SAD
CD Lugo SAD	SD Huesca SAD
Villarreal CF "B"	Levante UD SAD
SD Ponferradina SAD	Albacete Balompié SAD

Jornada 42 (28/05/2023)

FC Andorra	Villarreal CF "B"
Burgos CF SAD	CD Lugo SAD
Granada CF SAD	CD Leganés SAD
Levante UD SAD	Real Oviedo SAD
Albacete Balompié SAD	CD Mirandés SAD
UD Las Palmas SAD	Deportivo Alavés SAD
Real Racing Club de Santander SAD	FC Cartagena SAD
SD Huesca SAD	SD Eibar SAD
Málaga CF SAD	UD Ibiza SAD
Real Sporting de Gijón SAD	SD Ponferradina SAD
Real Zaragoza SAD	CD Tenerife SAD

2022-2023

PRIMERA RFEF

A.D. ALCORCÓN

ALGECIRAS C.F.

C.D. BADAJOZ

R.C. CELTA B

A.D. CEUTA F.C.

CULTURAL LEONESA

CÓRDOBA C.F.

R.C. DEPORTIVO

DUX INTERNACIONAL

SAN FERNANDO C.D.

RACING DE FERROL

C.F. FUENLABRADA

LINARES DEPORTIVO

A.D. MÉRIDA

R. BALOMPÉDICA LINENSE

C.F. RAYO

R. MADRID CASTILLA

PONTEVEDRA C.F.

UD. SAN SEBASTIAN REYES

UNIONISTAS

GRUPO I 2022-2023

PRIMERA RFEF

C.D.ALCOYANO

S.D. AMOREBIETA

C.D. ATCO BALEARES

F.C. BARCELONA B

BILBAO ATH.

C.D. CALAHORRA

C.D. CASTELLÓN

U.E. CORNELLÁ

C.D. ELDENSE

C. GIMNASTIC

INTERCITY C.F.

C.F. LA NUCÍA

U.D.LOGROÑÉS

S.D. LOGROÑÉS

REAL MURCIA

C.D. NUMANCIA

OSASUNA PROM.

R. SOCIEDAD B

R. UNIÓN C.IRÚN

C. D'S. SABADELL

GRUPO II   2022-2023

GRUPOS

SEGUNDA

GRUPO 1

BERGANTIÑOS CF, BURGOS CF PROMESAS, CD ARENTEIRO, CD GUIJUELO, CD LAREDO, C.MARINO DE LUANCO, CD PALENCIA CRISTO ATLÉTICO, CORUXO FC, OURENSE CF, POLVORÍN FC, RAYO CANTABRIA, REAL AVILÉS, REAL OVIEDO VETUSTA, REAL SOCIEDAD GIMNÁSTICA DE TORRELAVEGA, REAL VALLADOLID PROMESAS, SD COMPOSTELA, UP LANGREO, ZAMORA CF.

GRUPO 2

AD SAN JUAN, ARENAS CLUB, CD ALFARO, CD BREA, CA CIRBONERO, CD IZARRA, CD TUDELANO, DEPORTIVO ALAVÉS B, RACING RIOJA CF, REAL SOCIEDAD C, SESTAO RIVER CLUB, SD BEASAIN, SD GERNIKA CLUB, SD TARAZONA, UD LOGROÑÉS B, UD MUTILVERA, UTEBO FC.

GRUPO 3

AE PRAT, AT SAGUNTINO, CE MANRESA, CD EBRO, CD IBIZA ISLAS PITIUSAS, CLUB LLEIDA ESPORTIU, CD TERUEL, HÉRCULES DE ALICANTE CF, RCD ESPANYOL B, RCD MALLORCA B, RZ DEPORTIVO ARAGÓN, SCR PEÑA DEPORTIVA, SD FORMENTERA, TERRASSA FC, UE COSTA BRAVA, UE OLOT, UD ALZIRA, VALENCIA-MESTALLA.

GRUPO 4

ANTEQUERA CF, AT. MANCHA REAL, AT. SANLUQUEÑO, BETIS DEPORTIVO BALOMPIÉ, CÁDIZ CF B, CD EL EJIDO 2012, CD SAN ROQUE DE LEPE, CD UTRERA, C RECREATIVO GRANADA, FC CARTAGENA B, JUVENTUD TORREMOLINOS CF, MAR MENOR CF, RC RECREATIVO DE HUELVA, SEVILLA ATLÉTICO, UCAM MURCIA CF, VÉLEZ CF, XEREZ DEPORTIVO FC, YECLANO DEPORTIVO.

GRUPO 5

AD ALCORCÓN B, AD UNIÓN ADARVE, CDA NAVALCARNERO, C. ATLÉTICO DE MADRID B, CD ATLÉTICO PASO, CD DIOCESANO, CD CORIA, CD DON BENITO, CD GUADALAJARA, CD LEGANÉS B, CF TALAVERA DE LA REINA, CF VILLANOVENSE, CP CACEREÑO, GIMNÁSTICA SEGOVIANA CF, UD MELILLA, UD MONTIJO, UD SOCUELLAMOS, UD EXTREMADURA*(CD EXTREMADURA 1924)

*UD EXTREMADURA: LA UD EXTREMADURA NO COMPETIRÁ EN SEGUNDA RFEF. EL EQUIPO DE RECIENTE CREACIÓN C.D. EXTREMADURA 1924 ESTÁ LLAMADO A SER SU SUCESOR.

GRUPOS

GRUPO I GALICIA

ALONDRAS CF, AROSA SC, CSD ARZÚA, ATLÉTICO ARTEIXO, CD BARCO, CD CHOCO, CD ESTRADENSE, RCD FABRÍL, RC CELTA C, UD OURENSE, UD PAIOSACO, RACING VILALBÉS, RÁPIDO DE BOUZAS, SILVA SD, UD SOMOZAS, VIVEIRO CF.

GRUPO II ASTURIAS

AVILÉS STADIUM CF, CAUDAL DEPORTIVO, UC CEARES, CONDAL CLUB, CD COVADONGA, CD LEALTAD, L'ENTREGU CF, UD LLANERA, CD LLANES, LUARCA CF, CD PRAVIANO, R. SPORTING B, REAL TITÁNICO, CD TUILLA, VALDESOTO CF.

GRUPO III CANTABRIA

SD ATLÉTICO ALBERICIA, UC CARTES, CASTRO FC, CD CAYÓN, U MONTAÑESA ESCOBEDO, SD GAMA, CD GUARNIZO, CD NAVAL, CD REVILLA, UD SÁMANO, AD SIETE VILLAS, SD TEXTIL ESCUDO, SD SOLARES-MEDIO CUDEYO, SD TORINA, CD TROPEZÓN, SRD VIMENOR CF.

GRUPO IV EUSKADI

CD ANAITASUNA, AURRERA KE, CD AURRERA DE VITORIA, BARAKALDO CF, CD BASCONIA, SD DEUSTO, SCD DURANGO, CD LAGUN ONAK, SD LEIOA, CD PADURA, PASAIA KE, CLUB PORTUGALETE, CD SAN IGNACIO, TOURING KE, URDULIZ FT, CD VITORIA.

GRUPO V CATALUNYA

CF BADALONA, UE CASTELLDEFELS, CERDANYOLA DEL VALLÉS FC, CE EUROPA, GIRONA FC B, FE GRAMA, CE L'HOSPITALET, CF MONTAÑESA, CF PERALTA, CF POBLA DE MAFUMET, UE TONA, UE RAPITENCA, CP SAN CRISTÓBAL, UE SANT ANDREU, FC VILAFRANCA, UE VILASSAR DE MAR.

GRUPO VI COMUNIDAD VALENCIANA

CD ACERO, ATHLETIC TORRELLANO, ATLÉTICO LEVANTE UD, ATZENETA UE, CD CASTELLÓN B, ELCHE ILICITANO CF, CF GANDÍA, HÉRCULES CF B, FC JOVE ESPAÑOL SAN VICENTE, ORIHUELA CF, PATACOMA CF, UD RAYO IBENSE, CD RODA, SILLA CF, TORRENT CF, VILLARREAL CF C.

GRUPO VII COMUNIDAD DE MADRID

RSD ALCALÁ, REAL ARANJUÉZ CF, CD CANILLAS, CUC VILLALVA, CF FUENLABRADA PROMESAS, CD GALAPAGÁR, GETAFE CF B, RSC INTERNACIONAL FC, CD MOSTOLES URJC, CD PARACUELLOS ANTAMIRA, CF POZUELO DE ALARCÓN, RAYO VALLECANO B, LAS ROZAS CF, AD TORREJÓN CF, CF TRIVAL VALDERAS, CDE URSARIA.

GRUPOS

TERCERA RFEF

GRUPO VIII CASTILLA Y LEÓN

SD ALMAZÁN, ARANDINA CF, ATLÉTICO ASTORGA FC, REAL ÁVILA CF, CD BECERRÍL, ATLÉTICO BEMBIBRE, JÚPITER LEONÉS, CD VIRGEN DEL CAMINO, CD MIRANDÉS B, CD NUMANCIA B, PALENCIA CF, SD PONFERRADINA B, SALAMANCA CF UDS, UD SANTA MARTA DE TORMES, SD ATLÉTICO TORDESILLAS, UNAMI CP.

GRUPO IX ANDALUCÍA ORIENTAL Y MELILLA

UD ALMERÍA B, ARENAS DE ARMILLA CYD, CD HUÉTOR TÁJAR, CD HUÉTOR VEGA, FC MÁLAGA CITY, CF MOTRIL, REAL JAÉN CF, ATLÉTICO PORCUNA CF, CDUD CIUDAD DE TORREDONJIMENO, CD TORREPEROJIL, EL PALO FC, CD ESTEPONA FS, ATLÉTICO MALAGUEÑO, MARBELLA FC, UD TORRE DEL MAR, CD HURACÁN MELILLA.

GRUPO X ANDALUCÍA OCCIDENTAL Y CEUTA

CONÍL CF, CD ROTA, XEREZ CD, ATLÉTICO ESPELEÑO, CD CIUDAD DE LUCENA, CÓRDOBA CF B, CD POZOBLANCO, SALERM COSMETICS PUENTE GENÍL, AYAMONTE CF, BOLLULLOS CF, AD CARTAYA, ATLÉTICO ANTONIANO, CORIA CF, CD GERENA, SEVILLA FC C, AD CEUTA FC B.

GRUPO XI ISLAS BALEARES

CE ANDRATX, CD BENISALEM, UD COLLERENSE, CE CONSTÁNCIA, FC INTER MANACOR, CD LLOSETENSE, CD MANACOR, CE MERCADAL, SE PENYA INDEPENDENT, CF PLATGES DE CALVIÁ, UD POBLENSE, SD PORTMANY, CE SANTANYÍ, CD SANT JORDI, PE SANT JORDI, CF SOLLER.

GRUPO XII ISLAS CANARIAS

ARUCAS CF, ESTRELLA CF, UD GRAN TARAJAL, UD IBARRA, CD LA CUADRA, UD LANZAROTE, UD LAS PALMAS AT., CD MARINO, CD MENSAJERO, CF PANADERÍA PULIDO, UD SAN FERNANDO, CD SANTA ÚRSULA, UD TAMARACEITE, CD TENERIFE B, CD UNIÓN SUR YAIZA, UD VILLA DE SANTA BRÍGIDA.

GRUPO XIII REGIÓN DE MURCIA

ÁGUILAS FC, ALCANTARILLA FC, ATLÉTICO PULPILEÑO, CD BULLENSE, UD CARAVACA, CD CIEZA, CAP CIUDAD DE MURCIA, EL PALMAR CF, FC LA UNIÓN ATLÉTICO, CF LORCA DEPORTIVA, DEPORTIVA MINERA, MULEÑO CF, REAL MURCIA IMPERIAL CF, RACING MURCIA FC, UCAM MURCIA B, UNIÓN MOLINENSE CF.

GRUPOS

TERCERA RFEF

GRUPO XIV EXTREMADURA

ARROYO CP, ATLÉTICO PUEBLONUEVO, CD AZUAGA, CD CALAMONTE, CD DON ÁLVARO, UD FUENTE DE CANTOS, JEREZ CF, UC LA ESTRELLA, AD LLERENENSE, CD MIAJADAS, CP MONTEHERMOSO, MORALO CP, OLIVENZA FC, UP PLASENCIA, CF TRUJILLO, SP VILLAFRANCA.

GRUPO XV NAVARRA

CD ALESVES, CD ARDOI, CD AVANCE EZCABARTE, CD AZKOYEN, CD BETI ONAK, UCD BURLADÉS, CD CANTOLAGUA, CD CORTES, CDF ITAROA HUARTE, SD LAGUNAK, CD OBERENA, PEÑA SPORT FC, CD PAMPLONA, CD SUBIZA CENDEA DE GALAR, UDC TXANTREA, CD VALLE DE EGÜÉS.

GRUPO XVI COMARCA RIOJANA

CD AGONCILLO, CD ANGUIANO, CA RIVER EBRO, ATLÉTICO VIANÉS, CD BERCEO, CD CALAHORRA B, CASALAREINA CF, COMILLAS CF, C HARO DEPORTIVO, CDFC LA CALZADA, NÁXARA CD, SD OYONESA, PEÑA BALSAMAISO CF, RACING RIOJA B, CD VAREA, YAGÜE CF.

GRUPO XVII ARAGÓN

AD ALMUDÉVAR, CF ATLÉTICO MONZÓN, UD BARBASTRO, CD BINÉFAR, CF CALAMOCHA, CD CARIÑENA MONTE DUCAY, CD CASPE, CD CUARTE, SD EJEA, ADCF ÉPILA, SD HUESCA B, CF ILLUECA, CD LA ALMUNIA, CD ROBRES, CDJ TAMARITE, CD UTRILLAS.

GRUPO XVIII CASTILLA LA MANCHA

ATLÉTICO TOMELLOSO, CD AZUQUECA, CALVO SOTELO PUERTOLLANO CF, UB CONQUENSE, CD ILLESCAS, CF LA SOLANA, CD MANCHEGO CIUDAD REAL, CD MARCHAMALO, CD QUINTANAR DEL REY, CF TALAVERA DE LA REINA B, CD TARANCÓN, CD TOLEDO, CD TORRIJOS, CD VILLACAÑAS, CP VILLARROBLEDO, VILLARRUBIA CF.

CATEGORÍAS HISTÓRICAS DEL FÚTBOL ESPAÑOL

EQUIPOS EN LA HISTORIA DE 1ª DIVISIÓN

CAMPEONES DE COPA DE ESPAÑA

HISTORIA DE LOS 63 GRANDES EQUIPOS

EQUIPOS EN LA HISTORIA DE 2ª DIVISIÓN

EQUIPOS EN LA HISTORIA DE 2ªB

EQUIPOS EN LA HISTORIA DE PRIMERA RFEF

EQUIPOS EN LA HISTORIA DE SEGUNDA RFEF

LaLiga PRIMERA DIVISIÓN HISTÓRICA

CAMPEONATO NACIONAL DE LIGA	REAL MADRID C.F. 35 MADRID 91	F.C. BARCELONA 26 BARCELONA 91	ATHLETIC CLUB 8 BILBAO 91	VALENCIA C.F. 6 VALENCIA 87	R.C.D. ESPANYOL BARCELONA 86	C. ATLETICO MADRID 11 MADRID 85	SEVILLA F.C. 1 SEVILLA 78
REAL SOCIEDAD 2 SAN SEBASTIAN 75	REAL ZARAGOZA ZARAGOZA 58	REAL BETIS BALOMPIÉ 1 SEVILLA 56	REAL C. CELTA VIGO 56	R.C.D. LA CORUÑA 1 LA CORUÑA 46	R. VALLADOLID C.F. VALLADOLID 45	R. RACING CLUB SANTANDER 44	R. SPORTING GIJON GIJON 42
ATCO. OSASUNA PAMPLONA 40	R.OVIEDO OVIEDO 38	U.D.LAS PALMAS LAS PALMAS 34	R.C.D.MALLORCA MALLORCA 29	GRANADA C.F. GRANADA 26	ELCHE C.F. ELCHE 23	VILLARREAL C.F. VILLARREAL 22	HERCULES C.F. ALICANTE 20
C.D.MALAGA MALAGA 20	RAYO VALLECANO MADRID 19	REAL MURCIA C.F. MURCIA 18	GETAFE C.F. GETAFE 17	MALAGA C.F. MALAGA 17	DEPORTIVO ALAVES VITORIA 17	LEVANTE U.D. VALENCIA 16	CADIZ C.F. CADIZ 14
CENTRO DE DEPORTES SABADELL 14	C.D.TENERIFE TENERIFE 13	U.D.SALAMANCA SALAMANCA 12	C.D.CASTELLON CASTELLON 11	C.D.LOGROÑES LOGROÑO 9	CORDOBA C.F. CORDOBA 9	S.D.EIBAR EIBAR 7	ALBACETE BALOMP. ALBACETE 7
U.D.ALMERIA ALMERIA 7	ARENAS CLUB GETXO 7	BURGOS C.F. BURGOS 6	PONTEVEDRA C.F. PONTEVEDRA 6	R.C.RECREATIVO HUELVA 5	S.D.COMPOSTELA SANTIAGO 4	C.D.LEGANES LEGANES 4	C.D.NUMANCIA SORIA 4
C.GIMNASTIC TARRAGINA 4	C.D.ALCOYANO ALCOY 4	R.UNION DE IRUN IRUN 4	REAL BURGOS C.F. BURGOS 3	REAL JAEN C.F. JAEN 3	C.D.EUROPA BARCELONA 3	GIRONA C.F. GERONA 2	C.F.EXTREMADURA ALMENDRALEJO 2
MERIDA C.P. MERIDA 2	S.D.HUESCA HUESCA 2	A.D.ALMERIA ALMERIA 2	U.E.LLEIDA LERIDA 2	XEREZ C.D. JEREZ 1	C.D.CONDAL BARCELONA 1	C.ATLETICO TETUAN TETUAN 1	CULTURAL Y DEPVA. LEONESA 1

COPA DE ESPAÑA

C.C.ALFONSO XIII	CLUB VIZCAYA CAMPEÓN 1902	ATHLETIC CLUB 1903, (1904)	ESPAÑOL DE MADRID F.C. 1904	MADRID F.C. 1905,06,07,08	CLUB CICLISTA DE S.S. 1909	F.C. BARCELONA 1910	ATHLETIC CLUB (1910), 1911
F.C. BARCELONA 1912, (1913)	RACING CLUB DE IRÚN 1913	ATHLETIC CLUB 1914,1915,1916	MADRID F.C. 1917	REAL UNIÓN DE IRÚN 1918,1924	ARENAS CLUB DE GETXO 1919	F.C. BARCELONA 1920,22,25,26,28	ATHLETIC CLUB 1921,1930
ATHLETIC CLUB 1923	REAL UNIÓN CLUB IRÚN 1927	R.C.D.ESPAÑOL DE BARCELONA 1929	COPA REPUBLICA	ATHLETIC CLUB 1931,32,33	MADRID F.C. 1934	SEVILLA F.C. 1935	MADRID F.C. 1936
LEVANTE F.C. 1937 COPA DE ESPAÑA LIBRE	C.GENERALISIMO	SEVILLA F.C. 1939,1948	R.C.D ESPAÑOL DE BARCELONA 1940	VALENCIA C de F. 1941	C.F. BARCELONA 1942	ATLÉTICO DE BILBAO 43,44,45,50,55,56,58	REAL MADRID C.F. 1946,1947,1962
VALENCIA C de F. 1949,1954	C de F. BARCELONA 1951,52,53,57,59	ATLÉTICO DE MADRID 1960,1961,1965	C.F. BARCELONA 1963,1968,1971	REAL ZARAGOZA C.D 1964,1966	VALENCIA C de F. 1967	REAL MADRID C.F. 1970	ATLÉTICO MADRID 1972,76,85,91,92,96
ATHLETIC BILBAO 1969,1973	REAL MADRID C.F. 1974,1975	COPA DEL REY	REAL BETIS BALOMPIÉ 1977	F.C. BARCELONA 78,81,83,88,90,97,98	VALENCIA C de F. 1979,1999	REAL MADRID C.F. 1980,82,89,93	ATHLETIC C. BILBAO 1984
REAL ZARAGOZA 1986,1994,2001,04	REAL SOCIEDAD 1987	R.C. DEPORTIVO 1995	RCD ESPANYOL 2000	RC DEPORTIVO CORUÑA 2002	RCD MALLORCA 2003	REAL BETIS BALOMP. 2005	RCD ESPANYOL DE BARCELONA 2006
SEVILLA F.C. 2007,2010	VALENCIA C.F. 2008	F.C.BARCELONA 09,12,15,16,17,18,21	REAL MADRID C.F. 2011,2014	CLUB ATLÉTICO DE MADRID 2013	VALENCIA C.F. 2019	R.SOCIEDAD DE FUTBOL 2020	REAL BETIS BALOMPIÉ 2022

Realmadrid

1902 M.F.C.

1904 M.F.C.

1908 M.F.C.

1912 M.F.C.

1920 R.M.

1925

1929

1931 M.F.C.

1935 M.F.C.

1940

1941 R.M.C.F.

1946

1963

1971

1985

1995

1998

2002

2003

ACTUAL

 **Real**madrid

HISTORIA

En 1900 Julián Palacios selecciona los jugadores que compondrían el futuro **Madrid F.C.** Pero es el 6 de Marzo de 1902 bajo la presidencia de Juan Padrós, cuando se constituye la Sociedad.

1905 Campeón de España. La precursora de la actual Copa del Rey volverá a ser Madridista en 1906, 1907, 1908, 1917, 1934, 1936, 1946, 1947, 1962, 1970, 1974, 1975, 1980, 1982, 1989, 1993, 2011 y 2014. Hasta un total de 19 Copas del Rey.

1920 S.M. el Rey Alfonso XIII, concede al Madrid F.C. el título de Real. Por aquel entonces el delantero del Madrid era D. Santiago Bernabéu. Desde entonces **Real Madrid F.C.**

1929 Para la puesta de largo del primer Campeonato Nacional de Liga de 1ª División, el Real Madrid inaugura el Estadio de Chamartín. El primer líder de la primera liga fue el Real Madrid tras imponerse por 5-0 al C.D. Europa.

1932 Campeón de Liga. La temporada 1931-1932 con Ricardo Zamora en la portería, elevado a la categoría de Mito, llega la primera de las 35 ligas, el resto en 1933, 1954, 1955, 1957, 1958, 1961, 1962, 1963, 1964, 1965, 1967, 1968, 1969, 1972, 1975, 1976, 1978, 1979, 1980, 1986, 1987, 1988, 1989, 1990, 1995, 1997, 2001, 2003, 2007, 2008, 2012, 2017, 2020 y 2022.

1956 CAMPEÓN DE EUROPA. El día 13 de Junio de 1956, frente al Stade de Reims, tras remontar un 0-2 a los 10´, el **Real Madrid C.F.** (Nombre del Club desde 1941) vence por 4-3, con Alfredo Di Stéfano abriendo la cuenta y se proclama Campeón de Europa, en su primera edición. No vendría sola, los 5 primeros años la Copa de Europa serían Madridistas, estas serían 1957, 1958, 1959, 1960 y después de un corto período 1966. Aquí hay que aclarar que el Madrid tiene 13 Copas de Europa, como antigua Copa 6 y 7 Champions League. La primera de las orejonas llega en 1998, 2000, 2002, 2014, 2016, 2017, 2018 y 2022. Raúl González el gran protagonista de las 3 primeras.

1960 CAMPEÓN INTERCONTINENTAL. Al igual que en la anterior, aquí debemos decir que el Real Madrid es 7 veces Campeón del mundo, como Copa Intercontinental en los años 1960, 1998 y 2002.

1985 y 1986 Campeón de la Copa de la UEFA. En esta cabe destacar a la `quinta de Buitre´.

1989 Llega la primera Supercopa de España, repetiría título en 1990, 1991, 1994, 1998, 2002, 2004, 2009, 2013, 2018, 2020 y 2022. 2003 Campeón de Supercopa de Europa, volvería al Madrid en 2015, 2017 y 2018.

El MUNDIAL DE CLUBES fue conquistado en 2015, 2017, 2018 y 2019. Cristiano Ronaldo tiene que tener especial mención en su consecución.

2022 El 28 de Mayo en París, Liverpool 0-1 Real Madrid, con gol de Vinicius Jr., el Madrid se convierte en Campeón de Europa por 14ª vez. Para un total de 90 Títulos.

FCBARCELONA

1899

1910

1912

1920

1936

1941

1949

1960

1974

1975

CENTENARIO

2002

HISTORIA

El 29 de Noviembre de 1899 Don Joan Gamper funda el **F.C. Barcelona**. Como escudo, para mayor representatividad si cabe, lucía el escudo de la ciudad de Barcelona. En 1910 cambia de escudo para tener identidad propia integrando en el alma de éste, el de la ciudad.

Culés. El 14 de Marzo de 1909 se inaugura el campo de la calle Industria. Hasta su ampliación los aficionados apuraban hasta sentarse sobre el muro exterior de la grada por falta de espacio y desde fuera solo se veía cierta parte del cuerpo, de ahí viene culés.

26 de Mayo de 1910 el F.C. Barcelona es Campeón de Copa del rey tras imponerse por 3-2 al Español de Madrid en Madrid, Su primer Campeonato de Copa de los 31 que a día de hoy ha conseguido. Este del Rey Alfonso XIII, como su título sucesor Copa de España, el siguiente Copa del Generalísimo o la actual Copa del Rey.

El 30 de Junio de 1929 el F.C. Barcelona se proclama, antes de la última fecha contra el Arenas Club, Campeón de Liga. Llega la primera de 26 ligas.

Después de unas décadas plagadas de títulos a nivel nacional tanto Ligas como Copas o la Copa Eva Duarte de la RFEF en 1949, análoga a la actual Supercopa de España, en 1958 obtiene a doble partido London XI 2-2 Barça y Barça 6-0 London su primera copa Europea, la Copa de Ferias, en 1960 y 1966 repetiría título.

El 16 de Mayo de 1979 venciendo en la prórroga 4-3 al Fortuna Düsseldorf, el Barça es por primera vez Campeón de la Recopa de Europa, este título volvería a ser suyo en 1982, 1989 y 1997. Los trofeos internacionales van ganando importancia. Dos Copas de la Liga van agrandando su currículum 1983 y 1986.

En 1984 llegara la primera de sus 13 Supercopas de España. Se hacía esperar la más grande.

Hasta que el 20 de Mayo de 1992 se proclama CAMPEÓN DE EUROPA, Tras vencer por 1-0 a la Sampdoria con golazo de Ronald Koeman. Su primera Champions League, que no vendría sola, 2006, 2009, 2011 y 2015 son las 5 Champions del Barça. En 1993 Se proclama por primera vez Campeón de Supercopa de Europa a doble partido, repetiría título en 1998, 2010, 2012 y 2016.

2009 El año mágico. El **Barça** se convierte en el ÚNICO CLUB DEL MUNDO EN GANAR TODOS LOS TÍTULOS EN JUEGO, Campeón de liga, Campeón de Copa, Campeón de Supercopa de España, Campeón de Champions League, Campeón de Supercopa de Europa y Campeón del Mundo de Clubes.

El F.C. Barcelona es CAMPEÓN DEL MUNDO de Clubes. El 19 de Diciembre de 2009 tras vencer por 1-2 a Estudiantes de la Plata, consigue su primer Mundial de Clubes. Este mundial se repetiría en 2012 y 2016 haciendo al Barça TRICAMPEÓN DEL MUNDO.

ATLÉTICO DE MADRID
1903

1903

1912

1917

1929

1932

1939 A.N.

1940 A.A.M

1942 A.A.M

1947

1950

1969

CENTENARIO

2012

2017

HISTORIA

El 26 de Abril de 1903 nace el **Athletic Club de Madrid**, fundado por unos estudiantes vascos aficionados del Athletic Club. El 2 de Mayo de 1903 organiza el primer partido entre sus socios. El 22 de Enero de 1911 cambia su camiseta por la rojiblanca actual y ello le supone el apodo de colchoneros, por la semejanza a los colchones de la época. 1913 Inauguración del campo de fútbol de O´Donnell, su primera casa oficial.

1921 Primer título oficial, Campeonato Regional de la Federación Centro. 1923 Inauguración del Estadio Metropolitano. 1925-1928 Estos años consigue otros 2 Campeonatos Regionales imponiéndose por 3-1 a la Gimnastica Española y 1-3 al R. Madrid.

1939 Se fusiona con el **Aviación Nacional**, y pasa a llamarse **Atlético Aviación de Madrid**. 1940 y 1941 Campeón de Liga Nacional los 2 primeros títulos vienen de la mano. 10 años después se repetiría la historia con los títulos de 1950 y 1951.
1960 Primera Copa del Generalísimo, actual Copa del Rey tras derrotar por 1-3 al R. Madrid. En 1961 conseguiría su segunda copa consecutiva esta vez imponiéndose por 2-3 al mismo rival.

1962 el **Atlético de Madrid** consigue su primer Título Europeo, la RECOPA DE EUROPA al imponerse 3-0 a la ACF Fiorentina. 1965-1966 llegan 2 títulos de Copa más. El 2 de Octubre del 1966 se inaugura el Estadio del Manzanares.
1970 Consigue la 6ª liga. En 1972 el Manzanares pasa a llamarse Vicente Calderón.
1972 Otra Copa más llega este año. 1973 Llega su séptima liga.
1974 A punto de expirar el partido, el Bayer de Múnich empata 1-1 en el 90' en su Primera final de la Copa de Europa, en el desempate 4-0 saldría derrotado el Atleti.
1975 Se proclama Campeón Intercontinental. El 1-0 a favor del Independiente de Avellaneda en el partido de ida no fue obstáculo para el Atleti que se impuso por 2-0 al Independiente en la vuelta. 1976 otra Copa llega a sus vitrinas. 1977 Octava Liga.
1985 llega una nueva copa del Rey y una Supercopa de España.
1991 y 1992 Campeón de Copa. En 1996 llega el doblete Liga y Copa.
2000 el equipo desciende a 2ª División, 2002 Retorno a 1ª. 2003 Centenario, el Príncipe Felipe Presidente de Honor.

2010 Campeón de la UEFA Europa League y Campeón de la Supercopa de Europa. 2012 Nueva UEFA Europa League y Supercopa de Europa. 2013 Campeón de Copa. 2014 Campeón de liga, Campeón de Supercopa de España y Subcampeón de Europa. 2016 Subcampeón de Europa. 2016 Campeonas de Copa, llega el turno de las Féminas. 2017 Campeonas de Liga. 2017 inauguración del Wanda. 2018 Campeonas de Liga de nuevo. 2018 Campeón de Europa League y Supercopa de Europa. 2019 3ª Liga para las Atléticas. 2021 Súper Campeonas de España. 2021 Consigue el que es hasta el momento, su último título de Campeón de Liga.

SEVILLA FC

1890

1905

1909

1915

1918

1921

1926

1932

1935

1945

1966

1979

1995

CENTENARIO

2013

ACTUAL

SEVILLA FC

HISTORIA

El 25 de Enero de 1890 nace el **Sevilla Foot-Ball Club**, fundado por jugadores británicos, fundamentalmente escoceses. En 1905 el Club sufre una escisión y se divide en dos, uno de ellos se fundaría en club distinto y se asociaría al futuro máximo rival en la ciudad, el Sevilla Balompié. Así el 14 de Octubre de 1905, se inscribe en el registro de asociaciones el nuevo Sevilla F.C. El 14 de Febrero de 1909 se disputa el primer derbi sevillano **Sevilla F.C.** 4-0 Sevilla Balompié. 1917 Campeón de Andalucía, entre 1917 y 1928 el club conquistaría todos los campeonatos, excepto uno, por lo que se le conocería como el eterno Campeón de Andalucía. 1929 El Sevilla F.C. empieza la recién estrenada Liga en 2ª División, pero muestra de que ese no era su sitio en la Liga, ese mismo año saldría Campeón de 2ª División, repetiría título en 1934, 1969 y 2001.

1934 En su segundo Campeonato de 2ª División el Sevilla Asciende a 1ª División. Sevilla F.C. es un equipo puntero en España, desde su ascenso a 1ª ha descendido únicamente en cuatro ocasiones en su historia y 2 de ellas para salir Campeón en la Categoría de plata.

1935 Campeón de Copa de España. Con el resultado de Sevilla F.C. 3-0 C.E. Sabadell, con 2 goles de Campanal I y Bracero. Esta no sería la única, conseguiría la copa en los años: 1939, 1948, 2007 y 2010.

El 31 de Marzo de 1946, tras un F.C. Barcelona 1-1 Sevilla F.C., el Sevilla no podía fallar, ya que se disputaba la Liga contra el segundo clasificado, fuera de casa y no lo hizo. Con un gol de Araujo y aguantando los envites del Barça después del empate, el Sevilla F.C. se proclama por primera vez en su historia CAMPEÓN DE LIGA DE 1ª DIVISIÓN.

7 de Septiembre de 1958 Inauguración del Estadio Ramón Sánchez-Pizjuán. Debut en Competición Europea.

2007 Campeón de Supercopa de España, con un contundente Real Madrid 3-6 Sevilla F.C. a doble partido y un 3-5 en el Santiago Bernabeu, el 19 de Agosto de 2007. Campeón de Supercopa de Europa. El 25 de Agosto de 2007 EL Sevilla F.C. se proclama Campeón tras vencer F.C. Barcelona 0-3 Sevilla F.C. con goles de Renato, Kanouté y Maresca. En el año 2006 y 2007 la Federación de Historia y Estadística nombra al Sevilla F.C. MEJOR CLUB DEL MUNDO. Juande Ramos y Unai Emery los entrenadores responsables de esta etapa mágica Sevillista.

6 veces CAMPEÓN de Europa League en 2006, 2007, 2014, 2015, 2016 y 2020. El 10 de Mayo de 2006 con un contundente Middlesbrough 0-4 Sevilla F.C con goles de Luis Fabiano, Maresca (2) y Kanouté llega la 1ª de las 7 Europa League, repetiría título en 2007 frente al R.C.D. Español en los penaltis. En 2014 también los penaltis deciden frente a Benfica. 2015 la víctima es Dinipro a quien vence por 2-3. En 2016 Liverpool 1-3 Sevilla F.C. Y 2020 Sevilla F.C. 3-2 Inter de Milán, Luuk De Jong (2) y Diego Carlos, la última Europa League.

Real**Betis**Balompié

| 1909 S.B. | 1913 B.F.C. | 1914 S.B. | 1915 | SELLO 1915 |

| 1915 | 1919 | 1922 | 1925 | 1931 |

| 1931 | 1932 | 1941 | 1957 |

| 1960 | 1963 | 1972 | 1982 |

| 1994 | 2002 | 2007 CENTENARIO | 2012 |

RealBetisBalompié

HISTORIA

En 1907 un grupo de estudiantes funda el **Sevilla Balompié**, con sede en la calle Alfonso XII de Sevilla. Se inscribe como club el 1 de Febrero de 1909.

En 1909 nace el Betis F.C. fruto de una escisión del Sevilla F.C. con sede social en calle Mariscal.

1910 El Sevilla Balompié es el primer vencedor de la Copa de Sevilla. Su primer título que fue revalidado en 1911 y 1912 .

1914 El Sevilla Balompié vuelve a proclamarse Campeón de Sevilla y el Betis F.C. obtiene el título de Real por parte de SM el Rey Alfonso XIII pasando a denominarse **Real Betis F.C.** El 6 de diciembre de 1914 se fusionan los dos clubes y se funda **Real Betis Balompié.**

En 1915 El recien nacido Real Betis Balompié se proclama Campeón de Sevilla.

En 1928 El Real Betis Balompié inicia su andadura en la 2ª División del Primer Campeonato Nacional de Liga. Sería Campeón de 2ª dividión en 1932, 1942, 1958, 1971, 1974, 2011 y 2015.

1935 CAMPEÓN DE LIGA DE 1ª DIVISIÓN. El 28 de Abril de 1935 el Betis Balompié se impone en la última jornada de liga Racing de Santander 0-5 Betis Balompié con goles de Lecue, Caballero y 3 de Unamuno.

1958 Regreso a 1ª División, con Benito Villamarín a los mandos de la nane.

1964 3º en Liga y participación en la Copa de Ferias de Europa.

El 25 de Junio de 1977 el R. Betis Balompié se proclama Campeón de Copa del Rey, su primera copa. Con R. Betis 2-2 Athetic Club, con los 2 goles de López el segundo en la prórroga, comienza una tanda de penaltis interminable, que acaba cayendo del lado Bético.

1982 y 1984 el Eurobetis cnsigue su clasificación para la copa de la UEFA . 1986 se queda a las puertas de conseguir la copa de la liga perdiendo la final. 1997 Finalista de la Copa del Rey.

2005 Campeón de Copa por 2ª vez. Tras imponerse de nuevo en la prorroga 2-1 a Osasuna, con Serra Ferrer al mando y Clasificacón para la Liga de Campeones tras su 4º puesto en Liga.

2017 el Real Betis inaugura el nuevo Gol Sur de Heliopolis convirtiendose con 60721 espectadores, en el 4º estadio de España con mayor aforo.

2019 El Benito Villamarín acoge una final de copa.

2021 Nueva participación en Copa de la UEFA.

2022 En el dia de hoy 24 de abril de 2022, que trascribo esta historia, el Betis se ha proclamado por 3ª vez Campeón de Copa del Rey. Sin duda un broche de oro para esta bonita HISTORIA.

1919

1919 ALTERNATIVO

1921

1931

1936

1941

1942

1947

1958

1966

1982

1988

1992

2001

2012

CENTENARIO

HISTORIA

El 1 de Marzo de 1919 se firma el acta fundacional del **Valencia Football Club**, el dia 18 de Marzo de 1919 se registra como sociedad, pasando a ser esta la fecha de fundación del **Valencia C.F.**

1923 Inauguración de Mestalla. El 25 de Febrero de 1923 se proclama Campeón Regional y juega el Campeonato de España.

1928 El Valencia disputó la promoción para jugar con los campeones de España, en la recien creada Liga de 1ª División, junto con Betis, Sevilla y Recing de Santander, sería este último el que ganaría su plaza en 1ª.

1931 Consigue el anhelado Ascenso a 1ª División. Desde este ascenso solo descendió un año, la temporada 1986, en su unico descenso a 2ª, salió Campeón en 1987.

1941 Campeón de Copa. El 22 de Junio de 1941 tras imponerse Valencia C.F 3-1 Español de Barcelona, con goles de Mundo (2) y Asensi, llega la primera Copa de España. No sería la unica en 1949, 1954, 1967, 1979, 1999, 2008 y 2019 también saldría Campeón, para hacer un total de 8 Copas del Rey.

1942 CAMPEÓN DE LIGA DE 1ª DIVISIÓN. La temporada 1941-1942 el Valencia ganó con solvencia la Liga, sacando 7 puntos al segundo Clasificado, el Real Madrid, al que también derrotaría en el ultimo partido de Liga Valencia C.F.3-1 Real Madrid, con goles de Gorostiza, Mundo y Asensi. Llegarían mas en 1944, 1947, 1971, 2002 y 2004 para un total de 6 Ligas.

1962 Campeón de la Copa de Ferias. Con un parcial de 3-7 frente al F.C. Barcelona, el Valencia conquista su primer título Europeo. 1963 no se hará esperar la segunda Copa de Ferias, esta vez con un global de Valencia 4-1 Dinamo de Zagreb, revalida título.

1980 Campeón de Recopa de Europa. Después de una tanda de penaltis agonica, desde el fallo del primero de Mario Kempes ``el Matador´´ del que manos se esperaba, Arias dio el triunfo a los Ché frente al Arsenal. El 17 de Diciembre de 1980 con gol de Morena en un Valencia 1-0 Nottingham Forest, el Valencia se proclama Campeón de Supercopa de Europa.

1999 Tras salir Campeón de Copa, se hace tambien con su primera Supercopa de España. Con un global de 4-3 frente al F.C. Barcelona.

2000 y 2001 Finalista de Champions League, contra Real Madrid y Bayern Múnich.

El 19 de Mayo de 2004 Valencia C.F. 2-0 Olympique Marseille, con goles de Vicente y Mista el Valencia se proclama Campeón de la Europa League. En Agosto de 2004 se haría denuevo con la Supercopa de Europa, al vencer Porto 1-2 Valencia C.F.

 # RAYO VALLECANO de MADRID SAD

1924/2017 3ª

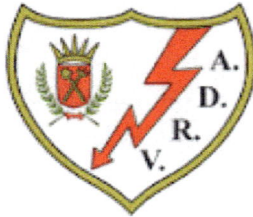

1947

1950

1955

1965

1970

1975

1980

1984

1993

1995

2003

2009

2012

2013

2017 2ª

2022 2ª

2022 3ª

RAYO VALLECANO de MADRID SAD

HISTORIA

1914 Nace en Madrid el **Numantino Foot-Ball Club**, en 1924 es el equipo más poderoso del barrio madrileño de Vallecas, pero en su seno hay diferencias y, fruto de esas diferencias, ese año los hermanos Huerta abandonan el club.

1924 El 29 de Mayo de 1924, los hermanos Huerta, con Julián Huerta Priego como primer presidente fundan la **Agrupación Deportiva El Rayo**. El uniforme original era blanco, con medias negras.

1933 Los primeros triunfos nacionales de El Rayo no se harían esperar, ya que fue el Primer Campeón de España de Baloncesto. Tras imponerse en semifinales A.D. Rayo 23-6 Juventud de Sabadell y en la Final A.D. Rayo 21-11 Real Madrid. Repetiría título en 1934 y 1936 de Campeón de España de Baloncesto. 1935 Subcampeón de España de Baloncesto. 1970 Campeón de España de Béisbol.

1942 Se decidió sustituir la palabra RAYO (que lucia en rojo en la camiseta) por una Franja Roja, al estilo River. El 13 de nobiembre de 1947 se cambia el nombre por el de **A.D. Rayo Vallecano**. 1950 Se produce en el hotel Ritz, de Madrid, el hermanamiento Franjirojo entre A.D.R.V. y C.A. River Plate de Argentina.

1956 Campeón de 3ª División y Ascenso a 2ª División. El Rayo ha disputado un total de 38 temporadas en 2ª División.

1977 Primer Ascenso a 1ª División. En la temporada 1977-1978 en primera se le conoce como El Matagigantes, derrotando a todos en casa, con Fernando Morena como Pichichi, Vallecas se convierte en `un fortín´. Por el Rayo han pasado grandes estrellas, como Tony Polster, Hugo Sánchez o actualmente Radamel Falcao, pero nadie dejó tanta huella como el Uruguayo Fernando Morena. Al Rayo le contemplan 19 temporadas en la élite de 1ªDivisión. En 1995 cambiaría el nombre por **Rayo Vallecano de Madrid**.

1999 El Rayo hace un arranque liguero espectacular en 1ª y es LIDER DE LA LIGA las 8 primeras jornadas, hasta un total de 11. El equipo ese año consigue ir a la Copa de la UEFA y llegar a cuartos de final. 2000 Record UEFA. El Rayo Vallecano ostenta dos record UEFA en una misma eliminatoria, maximo goleador visitante europeo Costel-lació Esprtiva 0-10 Rayo V. y el de mayor goleada en una eliminatoria 0-16.

2018 Campeón de 2ª División y Ascenso a 1ª. Es también Campeón de 2ªB 1985 y 2008.

2022 Llega a su segunda Semifinal de Copa del Rey, y es apeado en el descuento por el que sería el Campeón. Actualmente milita en 1ª División.

Rayo Femenino. TRICAMPEÓN DE LIGA Y COPA 2009, 2010 y 2011 Con liga en propiedad.

ATHLETIC CLUB

1898

1903

1910

1912

1913 CAMISETA

1917

1920

1921

1922

1924

1930

1930 LOGO

1940

1942

1970

1973

1980

1983

1995

CENTENARIO

ATHLETIC CLUB

HISTORIA

1898 Nace el **Athletic Club**.

En 1902 gana la Copa de Coronación de Alfonso XII. En 1913 cambia su camiseta de blanquiazul a rojiblanca. 1913 Se inaugura San Mamés, La Catedral. En ella jugó el más mítico de los jugadores del Athletic Pichichi (1910-1921).

1928 el Athletic es de la partida en la primera liga nacional de fútbol, desde esta fecha a la actualidad nunca ha dejado de estar en la 1ª División del Fútbol Español.

1930 CAMPEÓN DE LIGA Y COPA DEL REY. 1931 Segundo Doblete Liga y Copa, en este año también se produciría la mayor goleada de la historia en Liga: Athletic Club 12-1 F.C. Barcelona.

1943 Tercer doblete Liga y Copa, se convierte en el primero en conseguir el trofeo en propiedad. 1947 mayor goleada rojiblanca en Copa: Athletic 12-1 R.C. Celta de Vigo.

1956 el Athletic debuta en la Copa de Europa. 1958 Campeón de Copa ante el R. Madrid en el Bernabéu.

1977 Subcampeón de la Copa UEFA. El 4 de Mayo de 1977 tras el Juventus 1-0 Athletic Club.

1983 Campeón de liga. 1984 doblete Liga y Copa del Rey. Sus 2 últimas ligas en el último encuentro. Títulos de Liga: 8 - 1930, 1931, 1934, 1936, 1943, 1956, 1983, 1984. Títulos de Copa: 22 - 1903, 1904, 1911, 1914, 1915, 1916, 1921, 1923, 1930, 1931, 1932, 1933, 1943, 1944, 1945, 1950, 1955, 1956, 1958, 1969, 1973, 1984.

1984 Campeón de Supercopa de España, por ser Campeón de Liga y Copa.

1998 Centenario y debut en Champions league.

2002 debuta el Athletic Femenino en 1ª división. 2004 mayor goleada en Europa Standard de Lieja 1-7 Athletic. 2005 el Athletic Femenino logra el título de Liga en propiedad.

2012 Segunda Final Europea. Subcampeón de la Copa de la UEFA. Seguro que a la 3ª se dará.

2013 Inauguración del Nuevo San Mamés. Charles, delantero del Celta de Vigo, marcó el primer gol de la historia del Nuevo San Mamés.

2015 Campeón de Supercopa de España, a doble partido. Athletic Club 4-0 1-1 al F.C. Barcelona. 5-1 a favor de los Leones en el global. Títulos de Supercopa: 3 - 1985, 2015, 2021.

2021 Campeón de Supercopa el 17 de Enero de 2021 tras vencer 3-2 al F.C. Barcelona.

Al Athletic Femenino le contemplan 5 Títulos de Liga: 2005, 2007, 2010, 2011 y 2016.

REALSOCIEDADDEFÚTBOL

1909 C.C.

1909 R.C.

1910

1923

1931 D.F.C.

1931 D.F.C.

1932 D.F.C.

1933 D.F.C.

1941

1942

1947

1958

1960

1970

1980

1982

1997

CENTENARIO

2012

HISTORIA

1903 Nace en el Club de Tenis de Donostia, el **San Sebastián Recreation Club**. En 1907 el Club se reorganiza con jugadores de otros equipos locales y se crea el **San Sebastian Foot-Ball Club**.

1909 Para poder disputar la Copa de España, ya que el club no estaba registrado, El **Club Ciclista de San Sebastián** que compartía campo con el S.S.F.C. o Recreation Club, decide prestar nombre y simbolos para disputar dicha copa. El 8 de Abril de 1909, antes incluso de su nacimiento oficial la Real Sociedad se proclama Campeón de España, tras vencer al Español de Madrid. C. Ciclista S.S. 3-1 Español de Madrid, con goles de Mc. Guinnes 2 y Simons, José Girald hizo el gol españolista. El 7 de Septiembre de 1909, se funda formalmente y con una Copa de España bajo el brazo, el Campeón de España, la **Sociedad de Foot-Ball de San Sebastián**. En 1910 SM el Rey Alfonso XIII otroga al Club el título de Real. Pasando a se **Real Sociedad de Foot-Ball**. Dos Finales de Copa mas vendrían poco después, que perdería contra el F.C. Barcelona.

En 1913 el velodromo de Atocha se convierte en el campo de la Real Sociedad.

1929 Primer trofeo Pichichi de la Primera Liga, para Paco Bienzobas con 17 goles, que contribuyó a que la Real acabara 4º. 1931 la república obligó a dejar de ser Real y pasó de Sociedad de Futbol a se Donostia F.C. En 1941 recupera la condición y la corona de Real.

1951 Subcampeón de Copa por 3ª vez, otra vez el Barça impide salir campeón. 1974 El cuarto puesto en Liga, clasifica a la Real para la UEFA, por primera vez en su historia, un año después repetiría puesto y competición.

El 26 de Abril de 1981 la Real formada por: Arconada, Celayeta, Gorriz, Kortabarría, Olaizola, Diego, Alonso, Zamora, Idígoras, Satrustegui y López Ufarte, se proclama en El Molinon, CAMPEÓN DE LIGA DE PRIMERA DIVISIÓN. A falta de 20´´ para el 90´ Zamora de tiro cruzado, desde la frontal, hace a los Txuri-urdin Campeones de Liga por primera vez en su historia. El 25 de Abril de 1982 la Real Sociedad se proclama CAMPEÓN DE LIGA por segundo año consecutivo. Con gones de Zamora y López Ufarte, la Real se impone al Athletic Club y repite Liga. El 28 de Diciembre de 1982 con un 4-0 al Real Madrid saldría Campeón de Supercopa de España. En la Copa de Europa de ese año, sería eliminado por el Hamburgo (el Campeón).

27 de Junio de 1987 Campeón de Copa del Rey, tras vencer al Atlético de Madrid en la final. ¡No pasa nada, tenemos a Arconada! Y él fue el protagonista en los penaltis tras el 2-2. 1988 Supcampeón de Liga y Copa. El Barcelona, otra vez la bestia negra, además se llevó a los pilares de La Real. 1993 Inauguración de Anoeta. En 2003 Subcampeón de Liga. Debút en Liga de Campeones.

2020 Campeón de Copa del Rey . El dia 3 de Abril de 2021 Ahtletic Club 0-1 Real Sociedad con gol de Mikel Oyarzabal La Real gana LA COPA MAS ESPERADA.

VILLARREAL C.F.

C.D.V. 1923

C.D.V. 1940

C.A.F. 1942

C.A.F. 1947

C.A.F.V. 1951

C.A.F.V. 1954

1956

1969

1995

2009

VILLARREAL C.F.

HISTORIA

El 10 de Marzo de 1923 se funda el **C.D. Villarreal**, club de Tenis y Fútbol. Este equipo no tiene participaciones destacadas en campeonatos regionales. En 1940 debido a la ausencia de actividad del C.D. Villarreal, se constituye otro equipo en la localidad, el **Club Atlético Foghetecaz**, que heredó la representación de la localidad Levantina. 1947 El Club Atlético Foghetecaz comienza a competir como equipo federado. En 1950 el club añade a su nombre el de la Localidad y en 1954 pasa a llamarse como se le conoce actualmente **Villarreal C.F.**

1970 Campeón de 3ª División y primer ascenso a 2ª División. Pero no sería hasta 1998 cuando tras su cuarto puesto en liga, juega promoción de ascenso contra la S.D. Compostela, empata los dos partidos, pero asciende por el doble valor de goles en campo contrario.

El 31 de Agosto de 1998 El Villarreal debuta en primera, en el Santiago Bernabéu, sin embargo ese mismo año y mediada otra promoción el equipo desciende a 2ª División.

2003 Campeón de Intertoto UEFA, lo que le da acceso a disputar la Copa de la UEFA por primera vez en su historia.

2004 Con la incorporación del astro Argentino Juan Román Riquelme, el equipo da un salto de calidad importante y se vuelve a proclamar Campeón de la Intertoto, además alcanza las Semifinales en la copa de la UEFA. Al argentino le acompañarían otros como Santi Cazorla, Reina o Marcos Senna.

2005 3º en Liga, y Clasificación para Champions League, con Diego Forlán como `pichichi´. En esta misma temporada el Villarreal C.F. es nombrado MEJOR CLUB DEL MUNDO por la IFFHS, en Diciembre de 2004.

2006 Semifinalista de la Champions League. Tras caer en la eliminatoria tan solo por 1-0 frente al Arsenal Inglés.

2008 Subcampeón de Liga, tras lograr la máxima puntuación en 1ª con 77 puntos. Solo detrás del Real Madrid.

2021 El 26 de Mayo de 2021 el Villarreal C.F. se proclama Campeón de UEFA Europa League, después de empatar 1-1 en los 120'de prorroga y tras una interminable tanda de penaltis, en la que no se fallaba uno, el último en lanzar, el portero Gerónimo Rulli, marcaría y se pararía el de David de Gea, para ganar Villarreal C.F. 12-11 Manchester Utd.

CLUB ATLÉTICO | OSASUNA

1920

1925

1929

1931

1941

1956

1962

1976

1978

1980

2000

2004

C.A.OSASUNA
1920-2020

HISTORIA

El 31 de Mayo de 1919 nace en Pamplona la **Sportiva F.C.** Este Club ya nace con discrepancias entre sus componentes, sobre todo políticas, lo que hace que a finales de año el club sufra una escisión y los disidentes forman el **New Club**. Sin embargo las diferencias no serian tan insalvables, y desde luego no deportivas, porque en 1920 los dos clubes empiezan a acercar posturas y se dan cuenta de que la unión hace la fuerza.

Así el 24 de Octubre de 1920 y fruto de la unión entre los dos clubes, nace el **Club Osasuna**, con el primer nombre de Club Osasuna, que reflejaba lo saludable de una nueva unión sin discrepancias.

1926 El Club cambia su denominación por la actual de **Club Atlético Osasuna**.

1932 C.A.Osasuna asciende a 2ª División.

1935 Osasuna es de Primera, por primera vez en su historia Osasuna asiende a 1ª División. La temporada 1935-36 es el debut de Osasuna en la máxima categoría y alcanzaría la semifinal de la Copa del Rey.

2 de Septiembre de 1967 Inauguración del estadio El Sadar.

1985 Osasuna alcanza puestos UEFA y ese mismo año juega por primera vez en Europa.

1992 Quedando 4º Clasificado lo que ahora sería puesto Champión le permite disputar la copa de la UEFA por segunda vez.

El 11 de Mayo de 2005 se proclama Subcampeón de copa, tras caer en la prorroga por 2-1 frente al R.Betis Balompié. Esto le permitió a Osasuna jugar de nuevo la Copa de la UEFA. En Diciembre el estadio pasa a denominarse Reino de Navarra. Este mismo año también tendría el honor de ser Subcampeón de invierno.

2006 el 16 de Mayo osasuna se clasifica por primera vez en su historia para la Liga de Campeones. Pero es eliminado por un solo gol en la fase previa.

2007 el 26 de Febrero hace 1000 partidos en 1ª. Este año también llega a cuartos de final de la UEFA.

2021 El Sadar es elegido como El Mejor Estadio del Mundo. La web Stadium Detabase, especializada en calificar a los Estadios de fútbol, reconoce a El Sadar como el mejor estadio del Mundo.

RCCelta

1923

1924

1925

1928

1931

1932

1933

1936

1939

1941

1942

1948

1954

1957

1960

1972

1984

1990

2009

2010

HISTORIA

El 23 De Agosto de 1923 nace el **R.C. Celta de Vigo**, fruto de la fusión del **Vigo Sporting Club** y **Fortuna de Vigo**. El equipo debutó de rojo, los colores del Fortuna. En 1908 el Vigo ya fue finalista de la Copa de S.M. el Rey Alfonso XIII.

El 30 Septiembre de 1928 se inaugura el estadio de Balaídos, con un R.C. Celta 7-0 R.U. Irún.

1936 Campeón de 2ª División y Primer Ascenso a 1ª. Sin embargo, por la guerra civil, no empezaría hasta 1939 su primer año en 1ª División de los 57 años en 1ª contando la próxima campaña.

1948 Subcampeón de Copa del Generalísimo. Con 4 efectivos menos los celestes tuvieron una misión imposible. También en esta campaña obtuvo su mejor puesto 4º en Liga, igualado en el año 2003. 1950 La mayor goleada en 1ª División del equipo celeste R.C. Celta 10-1 Nástic .

1971 El Celta consigue su primera clasificación para competición europea UEFA.

1976 El portero del equipo Fenoy, se convierte en el máximo goleador del Celta esa temporada.

1982 Se Proclama Campeón de 2ª División, ascenso por la puerta grande que se repetiría diez años después en 1992.

1994 Subcampeón de Copa del Rey. La segunda tentativa tampoco fue la vencida, esta vez cae ante el Zaragoza.

1998 Retorno a Europa vía UEFA. Tras acabar 6º en Liga a este le seguirían 6 años europeos.

2000 CAMPEÓN DE COPA INTERTOTO UEFA ante el Zenit de San Petersburgo , Tras imponerse por un global de 4-3, Siendo 2-1 y 2-2, los resultados los días 8 y 22 de agosto.

2001 Se repite Subcampeonato de Copa y se repite rival, el R. Zaragoza vuelve a llevarse la Copa.

2003 El R.C. Celta es equipo Champions, tras un año para enmarcar consigue entrar en Europa por la puerta grande. La temporada 2002-2003 el Celta es 4º y consigue pasaporte Champions.

2017 Semifinalista de Copa y Europa League, en otro año mágico.

2023 Se celebrará el Centenario... a lo grande quizás?

ELCHECF

El valor de una historia,
la fuerza de un sentimiento

1923 E.F.C.

1929

1941 E.C.F.

1964

1965

1975

1986

1997

1999

2009

2010

2012

CENTENARIO
ELCHE
CLUB DE FÚTBOL

CENTENARIO
ELCHE
CLUB DE FÚTBOL

CENTENARIO
ELCHE
CLUB DE FÚTBOL

HISTORIA

1908 Nace el primer Club de relevancia en Elche, el **Illice Foot-Ball Club**, poco después en ese mismo año, se crea el **Sporting Ilicitano** y el último en la terna es la **Gimnástica de Elche F.C.**

1922 El 6 de Agosto de 1922, surge la iniciativa a través de una revista de Elche, de hacer una selección de jugadores de los equipos más fuertes de la localidad, principalmente los 3 citados anteriormente, para enfrentarse al Club Bellas Artes, el equipo más potente de Alicante, junto al Club Natación de Alicante. Así el 28 de Agosto de 1922 se constituye la **Sociedad Deportiva Elche Foot-Ball Club**.

El 10 de Enero de 1923 la Sociedad se inscribe en el registro de la Federación Valenciana con el nombre de **Elche Foot-Ball Club**.

17 de Octubre de 1926, se inaugura el Estadio del Altabix.

1935 Primer Ascenso a 2ª División, en esta categoría el Elche ha estado un total de 39 temporadas.

1940 Se suprimen los anglicismos en el fútbol, su nueva denominación es **Elche Club de Fútbol**.

1959 Campeón de 2ª División, en el último partido de liga tras un C.D. Tenerife 0-3 Elche C.F. el conjunto franjiverde, se convertiría en equipo de 1ª División por primera vez en su historia.

Temporada 1959-1960 Debut en 1ª División, un total de 23 temporadas en 1ª División, contando la 2022-2023. De éstas, su mejor puesto ha sido 5º en 1964, en esta temporada llegó a ser Lider de 1ª División, el artífice Heriberto Herrera, un mago de la estrategia.

1968 El Elche C.F. ya es un Grande, pero además el Elche Ilicitano, su filial, se hace mayor y asciende a 2ª División.

1969 Subcampeón de Copa del Generalisimo. El 15 de Junio de 1969 en el Estadio Santiago Bernabéu, en una tarde calurosa, el fútbol deja frios a lo franjiverdes, el resultado después de una Final Soberbia del Elche fue 1-0 para el Athletic Club.

1976 El 8 de Septiembre de 1976 se Inaugura el Estadio Martínez Valero.

2013 Campeón de 2ª División. Con 82 puntos, máxima puntuación de la historia del club.

2023 Actualmente el Elche milita en 1ª División.

RCD ESPANYOL de BARCELONA

1900

1902

1910

1911

1912

1923

1931

1934

1940

1953

1964

1970

1986

1995

CENTENARIO

2005

ACTUAL

RCD ESPANYOL de BARCELONA

HISTORIA

El 28 de Octubre de 1900, en la Universidad de Barcelona nace la **Sociedad Española de Football**. Este primer nombre se da, porque a diferencia de los demás Clubs de Barcelona, mayoritariamente formados por ingleses, la S. Esapñola de F. estaba formada sólo por españoles. En sus inicios el colores fueron el amarillo y el rojo como la bandera de España.

1903 Llega el primer título, la Copa Macaia. No fue hasta 1909 cuando adoptaría la actual indumentaria blanquiazul y pasa a llamarse **C.D. Español de Barcelona**.

1911 Finalista de Copa de España, cae 3-1 contra Athetic. 1912 El Rey Alfonso XIII le concede el título de Real, que luce con orgullo en su escudo. Es, desde entonces, **R.C.D. Español**. 1913 Campeón de Cataluña. 1923 Inauguración del Estadio de Sarriá, El RCD disputaría sus encuentros de casa en Sarriá hasta 1997.

1929 El RCD Español marca el Primer Gol de la Primera Liga y el 3 de Febrero de ese año se proclamó CAMPEÓN DE COPA DE ESPAÑA, tras vencer por 2-1 al Real Madrid. Llegó la primera de sus 4 Copas, con 2 jugadores menos, Bosch coge el balon en el centro del campo y corre imparable hacia porteria y se introduce tras driblar al portero, pita el arbitro el final después.

1940 CAMPEÓN DE COPA DE ESPAÑA. El 30 de Junio de 1940, al imponerse por 2-3 de nuevo al Real Madrid, llega la segunda Copa de España. El primer gran ídolo blanquiazul fue Ricardo Zamora, otros grandes vistieron de también la elástica españolista como Alfredo Di Stefano, Ladislao Kubala, Thomas N´Kono o Raúl Tamudo.

1988 Subcampeón de Copa de la UEFA. Triste final que se decide en los penaltis tras perder una renta de 3-0 que obtuvo en Barcelona frente al Bayer Leverkusen.

1995 Cambio de nombre, el club cambia su denominación de Español a Catalán. Su nuevo nombre es **Real Club Deportiu Espanyol de Barcelona**.

1997 RCD se traslada al Olímpico de Montjuic, Estadi Olímpc Lluis Companys.

2000 Celebración del Centenario a lo grande, saliendo Campeón de Copa, dejando en la cuneta en semifinales al Real Madrid. Se impone en la final RCD Espayol 2-1 Atlético de Madrid.

2006 Campeón de Copa. El 12 de Abril de 2006 el RCD Espanyol se impone por goleada 4-1 al Real Zaragoza.

2007 Subcampeón de Copa de la UEFA. Otra vez igual, 2-2 frente al Sevilla y pena máxima. 10 de Julio de 2009. Nueva casa, El RCD Espanyol se muda de nuevo a Cornellá-El Prat. Estadio catalogado con 4 Estrellas por UEFA y con Capacidad para 40.000 espactadores. El RCD Espanyol, excepto 5 temporadas en 2ª, siempre ha estado en 1ª División y,. de esas temporadas en 2ª, salió Campeón 1994 y 2021.

GETAFE CF

C.G.D. (1)1924

C.G.D. (2) 1946

C.G.K. 1967

C.G.D. 1970

C.G.D. 1982

C.G.P. 1982

1983 G.C.F.

1990

1996

2003

2011

2013

ACTUAL

GETAFE CF

HISTORIA

1923 En Enero de 1923, se Constituye la **Sociedad Getafe Deportivo**. En 1924 cambia su denominación por **Getafe Deportivo Foot-Ball Club**. Después de la guerra civil el club deja de competir.

1946 Después de un largo stand-by de 10 años, el 10 de Enero de 1946 se refunda el Geta, con el nombre de **Club Getafe Deportivo**. 1967 Recibe el patrocinio de la empresa de electrodomésticos Kelvinator y cambia su denominación a **Club Getafe Kelvinator**.

1976 Ascenso a 2ª División del C. Getafe Deportivo, permanecería 6 temporadas en la Categoría de Plata. Después sufre un descenso administrativo a 3ª en 1983 y se disuelve la Sociedad. Todo el estamento Deportivo se incorpora al Filial **Club Getafe Promesas**.

1983 En asamblea de socios el 1 de Julio de 1983 se acuerda para evitar problemas, un nuevo cambio de denominación del club, que pasa a llamarse **Getafe C.F.**

1994 Ascenso a 2ª División del Getafe C.F. En 1999 y 2002 lograría un nuevo ascenso a 2ª División, este último definitivo.

1998 Inauguración del Coliseum Alfonso Pérez Muñoz.

2004 Primer Ascenso a 1ª División y Consolidación en la Categoría de Oro.

2007 Subcampeón de Copa del Rey, tras remontar un 5-2 en semifinales al F.C. Barcelona, con un rotundo Getafe C.F. 4-0 F.C. Barcelona, en la Final pierde por un agónico 1-0 frente al Sevilla F.C. Se clasifica por esta vía sin embargo, por primera vez para Europa. Llegando a cuartos de final de UEFA. Después de ir 3-1 a falta de 6 minutos frente al Bayer de Munich en la prórroga, sorprendentemente se escapan las semifinales.

2008 Subcampeón de Copa del Rey. Pierde 3-1 frente al Valencia C.F. su segunda Final de Copa consecutiva.

2010 Clasificación para Europa League, es eliminado en la fase de grupos.

2017 Segundo ascenso a 1ª División. De la mano de José Bordalás inicia un proyecto sólido, recompensado con la clasificación para Europa League en 2019.

2019 Mejor Campaña en Liga de la historia del Getafe C.F, el Geta queda 5º y regresa a Europa por 3ª vez.

En la actualidad el Geta milita en 1ª División y ha estado un total de 17 Temporadas en la élite del Fútbol Español.

 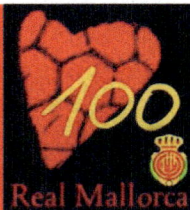

REAL CLUB DEPORTIVO MALLORCA

Real Mallorca

1916 AXIII

1916 ALTERNATIVO

1917 AXIII

1919 RAXIII

1923 RAXIII

1927 RAXIII

CDM 1931

1949

1956

1962

1969

1972

1976

1996

1997

ACTUAL

HISTORIA

El 27 de Febrero de 1916 nace en Palma el **Alfonso XIII F-B C.** nombre original del Club, posteriormente, en Abril obtiene el título de **Real Sociedad Alfonso XIII.** En 1931 con la instauración de la 2ª República y el exilio de la monarquía, el club se ve obligado a cambiar de nombre, pasando a llamarse **C.D. Mallorca.**

1917 Llega su primer título, la Liga de 2ª División Catalana. En una Final disputada en Barcelona se impone la Real Sociedad Alfonso XIII 3-1 Palafrugell. 1945 Ascenso a 2ª División, ya como **R.C.D. Mallorca** (desde 1941). El 22 de Septiembre de 1945 se inauguraba en 2ª Es Fortí, el nuevo estadio Mallorquinista.

El 17 de Abril de 1960, y por segundo año consecutivo desde 3ª División, el R.C.D. Mallorca logra el Ascenso a 1ª División como Campeón de 2ª. 44 años después de su fundación estaban en la élite. Tras 3 años en 1ª descendería para retornar en 1965 de nuevo como Campeón de 2ª, esta segunda tentativa duraría solo un año. Pero en 1969 retornaría a 1ª, pero sólo fugazmente. El Mallorca ha estado 29 años en 1ª.

1983 Los Bermellones de la mano de Lucien Müller, Ascienden a 1ª, pero de año en año pocos años se suman en la máxima categoría.

1986 De vuelta en 1ª División, al mando del equipo Lorenzo Serra Ferrer y como estrella El Tronquito Magdaleno. El año 1986 debuta en 1ª uno de los jugadores Mallorquines, y Manacorí más grandes de la historia, Miguel Ángel Nadal, tío de un tal Rafa al que se le da muy bien el fútbol y mejor el tenis. En este año acaba el equipo 6º y Magdaleno 2º máximo goleador.

El 24 de Junio de 1991 El R.C.D. Mallorca es Finalista de Copa del Rey, tras una cruel derrota en el 114′ por 1-0 frente al At. Madrid, sale Subcampeón de Copa.

1997 Gana la Promoción de Ascenso frente al Rayo Vallecano y sube a 1ª por 7º vez

1998 Subcampeón de Copa, otra vez en puertas del título esta vez contra el F.C. Barcelona. 1998 Campeón de la Supercopa de España, ganando los 2 partidos al FC Barcelona. En la ida RCD. Mallorca 2-1 F.C. Barcelona, goles de Dani y Stankovic, en la vuelta F.C. Barcelona 0-1 RCD. Mallorca, gol de Dani.

1999 Subcampeón de la Recopa de Europa, en última final disputada el 19 de Mayo de 1999 y tras perder 2-1 frente a la Lazio di Roma. El Mallorca ha disputado todas las competiciones Europeas 2 Clasificaciones para Champions, 3 para Europa League, 1 Recopa y 1 Intertoto. 2001 Record de puntos 71 en 1ª de la mano de Luis Aragonés y clasificación para Champions.

2003 CAMPEÓN DE COPA DEL REY. Y por fin el día 28 de Junio de 2003 con un resultado de R.C.D. Mallorca 3-0 R.C. Recreativo de Huelva, goles de Pandiani y 2 del mítico Samuel Eto´o el Mallorca se fue de Copas.

CÁDIZ CF

1933 C.F.C.

1934 M.F.C.

1936 F.C.

1937 F.C.

1943 H.C.C.F.

1946

1947

1956

1968

1982

1992

2006

2009

CENTENARIO

CÁDIZ CF

HISTORIA

1910 El 10 De Septiembre de 1910 nace el **Cádiz Foot-Ball Club**. En paralelo también en 1910 nace el **Mirandilla F.C.** equipo del colegio San Miguel Arcángel.

1924 Fusión entre Cádiz FC y Mirandilla FC. El equipo sale a competir como Mirandilla F.C.
1931 EL equipo pasa a denominarse **SDC Mirandilla FC**.

1935 El Mirandilla asciende a 2ª División Nacional.

El 24 de Junio de 1936 el Mirandilla cambia su denominación a **Cádiz F.C**.

1940 Campeón de Segunda División Grupo V, ya como Cádiz FC conseguiría el que hasta el momento sería su mayor logro. El 5 de Mayo de 1940 en el último partido de la liguilla de ascenso a 1ª, se produce el Mirandillazo, perdiendo por 2 goles frente al R. Murcia, cuando les valía a los cadistas incluso la derrota por la mínima.

1941 El Cádiz F.C. cambia su nombre a su actual denominación la de **Cádiz C.F.** El día 19 de Septiembre de 1943 el Cádiz CF se fusiona con el Hércules Gaditano CD tras años de sin sabores, siendo ésta la única solución para su supervivencia, pasando a denominarse Hércules de Cádiz CF. 1944 Tras una asamblea el club vuelve a ser Cádiz CF.

2 de Septiembre de 1955 Inauguración del Ramón de Carranza, con él nace el Trofeo que lleva su mismo nombre. El Carranza es uno de los Trofeos más importantes de España.

1977 Primer ascenso al olimpo de 1ª División. El 5 de Junio de 1977 tras ganar 2-0 al Tarrasa CF en el Carranza. El año 1977 se conseguiría la primera victoria en 1ª Cádiz CF 2-1 AD Rayo Vallecano. El Cádiz CF descendería esta misma temporada.

1981 Nuevo ascenso a 1ª División. El ascenso a 1ª se culmina en el Martínez Valero tras vencer por 1-2 al Elche CF.

1985 Llega el periodo más brillante del Cádiz CF con su consolidación en 1ª, de 1985 a 1993 El Cádiz permanece 8 temporadas consecutivas en 1ª.

1987 Retorno a 1ª. Los años Mágicos del Cádiz. Mágico González ha dejado una huella imborrable en la Tacita de Plata.

1990 Se alcanzan las Semifinales de Copa del Rey. 1992 Kiko se proclama Oro Olímpico.

2005 Tras años en 2ªB y 2ªA, el 18 de Junio de 2005 el Cádiz CF retorna a 1ª.

2020 Se repite la historia y tras una larga trashumancia de ida y vuelta al pozo de 2ªB, el Cádiz retorna a 1ª de la mano de Álvaro Cervera ¨el gafas¨.

REAL VALLADOLID
CLUB DE FÚTBOL

C.D.E. 1923

R.U.D. 1924

R.V.D. 1928

V.D. 1931

R.V.D. 1940

1948

1954

1958

1962

1970

1998

2018

2021

2022

REAL VALLADOLID
CLUB DE FÚTBOL

HISTORIA

1924. El 4 de Enero de 1924 se constituye como el **Club Deportivo Español de Valladolid**, el 16 de Junio el Colegio de la Congregación de Jesuitas Luises y Kotskas da origen a la Unión Deportiva Luises. En 1926 la Unión Deportiva recibe de S.M. El Rey Alfonso XIII el título de Real, pasa entonces a llamarse **Real Unión Deportiva**.

El 20 de Junio de 1928 fruto de la unión entre los dos clubes anteriormente citados, nace el **Real Valladolid Deportivo**. Nace fuerte este Pucela, en su primer partido oficial gana por un contundente R. Valladolid D. 12-0 U.D. Burgos.

1931 En la República el Valladolid deja de ser Real. Para ser **Club Valladolid Deportivo.**

El 3 de Noviembre de 1940 se inaugura el José Zorrilla y el Pucela vuelve a ser Real.

1948 Campeón de 2ª División, tras dos ascensos consecutivos, Asciende a 1ª División. El estreno en 1ª fue de la mano del argentino Helenio Herrera. En primera división se consigue mantener la categoría.

1949 Líder de 1ª división 10 jornadas consecutivas.

1950 Subcampeón de Copa. El 28 de Mayo de 1950, tras el Atlético de Bilbao 1-1 R. Valladolid con goles de Zarra y Gerardo Coque, la prórroga se le hizo bola al Pucela y otros 3 de Telmo Zarra frustraron el Sueño de la primera Copa del Generalísimo, actual Copa del Rey. La fuerza del Real Valladolid se hacía notar en España, con hasta 7 jugadores en una misma convocatoria de la Selección Española.

1982 Inauguración del Nuevo José Zorrilla, sede del Mundial 82.

1984 CAMPEÓN DE COPA DE LA LIGA. Después de sendos 0-0, en el Calderón y en Zorrilla, contra el Atlético de Madrid, esta vez la prórroga le devuelve al Pucela la gloria con un Real Valladolid 3-0 At. Madrid. Con ello consigue clasificarse para Europa vía UEFA por primera vez en su historia.

1989 Subcampeón de Copa del Rey. A las órdenes de Vicente Cantatore, consigue con su subcampeonato acceso a Europa, esta vez vía Recopa de Europa. El 30 de Junio de 1989 tras un Real Madrid 1-0 Real Valladolid, el Valladolid gasta su segunda bala en la Copa, con jugadores como Fernando Hierro o Goyo Fonseca, se queda cerca del sueño.

2007 Joseba Llorente en 7,8´´ le marca al RCD Espanyol, el gol más rápido de la historia de la Liga.

2020 El Real Valladolid, Asciende a 1ª División, tras vencer 3-0 a la S.D. Huesca, en una jornada de transistores, en detrimento de la S.D. Eibar. Para hacer un total de 45 temporadas en 1ª División.

 UNIÓN DEPORTIVA **ALMERÍA**

A.D. ALMERÍA

1951 P.U.

1955 U.D.P

1960 C.D.A

1971 A.D.A

1975

1977

1979

1989 A.C.F.

1983 PV.A

2001 U.D.A

2005

2010

2011

2015

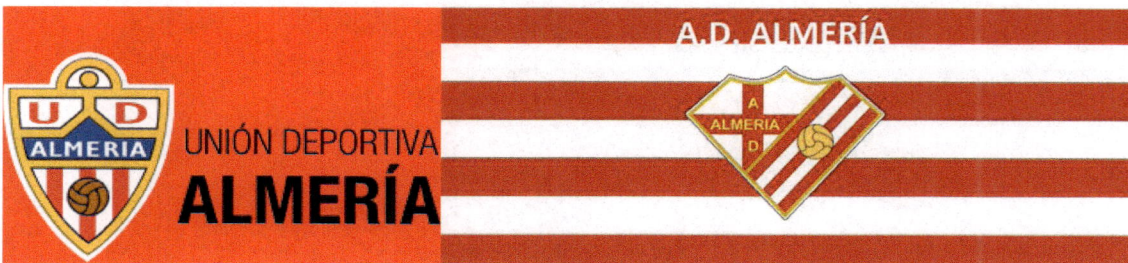

HISTORIA A.D. ALMERÍA

El 14 de Junio de 1971, tres clubes modestos el **Plus Ultra C.F.**, **U.D. Pavía** y **C.D Arenas**, de la capital almeriense, se unen para formar el Club más grande de Almería, la **Agrupación Deportiva Almería.**

1972 Empezando en regional, en la plaza de la U.D. Pavía logra su primer Ascenso a 3ª, cinco años es lo que la A.D. Almería le llevaría volver a ascender.

1977 Ascenso a 2ªB, En la temporada 1977-1978 en su debút, se proclama Campeón de 2ªB y continúa su meteorica carrera hacia arriba con su Ascenso a 2ª División.

1978-1979 Abran paso, que la A.D. Almería no es un equipo, es un cohete. En su debút en 2ª División se proclama CAMPEÓN DE 2ª DIVISIÓN ascendiendo tres años consecutivos y marcando un record al alcance de nadie. El domingo 10 de Junio de 1979 después de un A.D. Almería 3-0 C.D. Castellon, con goles de Jeronimo, Rolón y Rojas, una jornada antes del final de Liga, la A.D. Almería certifica el Ascenso a 1ª División.

1979-1980 La primera temporada en 1ª División. en el Antonio Franco, el Almería se haría fuerte y ni el mismisimo F.C. Barcelona pudo ganar. La temporada siguiente fue otra historia y la A.D. Almería acabaría descendiendo, una temporada mas tarde vuelve a descender y el equipo ahogado por las deudas desaparecería el siguiente año, sin llegar a competir.

HISTORIA U.D. ALMERÍA

1983 Nace el **C. Polideportivo Almería**, un grupo de socios descontentos con la deriva del club, se unen al **Almería C.F.** que fue fundado en 1989.

2001 Así el 28 de Junio de 2001 de la fusión de estos dos Club nace en 2ªB la **Unión Deportiva Almería**. Esta no era la unión de dos modestos ya que el Polideportivo Almería en 1986 y 1994 fue campeón de 3ª División y el Almería C.F. fue Campeón de 2ªB y compitió en 2ªA.

2002 Ascenso a 2ª División, un ascenso y consolidación en la categoría de plata. 2004 Inauguración de Estadio Juegos del Mediterraneo.

2007 Ascenso a 1ª División. El 19 de Mayo de 2007 de la mano de Unai Emery el Almería es de 1ª. Ascenso que repetiría el 22 de Junio de 2013. A la U.D. Almería le avalan 6 años en 1ª y 7 años en 2ª División. 2010 Semifinalista de Copa del Rey. En un año agridulce en Liga y Copa.

2022 CAMPEÓN DE 2ª DIVISIÓN. De la Mano de Rubí y el decisivo Umar Sadiq, del que dicen que no sabe correr, ni controlar, ni rematar, pero todo el mundo lo quiere en su equipo, porque es sencillamente el mejor y deja a la U.D. Almería en 1ª División.

GIRONAFC

1930

1941

1957

1960

1962

1968

1970

1980

1992

2008

2012

2022

GIRONA FC

HISTORIA

1930. El 25 de Junio de 1930 se funda el **Girona F.C.** Más que un club una selección de lo mejor de cada equipo de Girona.

1936 CAMPEÓN DE 2ª DIVISIÓN y Promoción de Ascenso. El Girona F.C. empezó muy fuerte, y su meteórica carrera a 1ª fue frenada en seco por la guerra civil. En 1940 se aparcó el objetivo del ascenso para luchar por la permanencia.

1941 Cambio de denominación con la prohibición de los anglicismos y los nombres en catalán, el equipo pasa a denominarse **Gerona Club de Fútbol**.

El 14 de Agosto de 1970 se inaugura el Estadio de Montilivi.

1980 Recupera el nombre primigenio, vuelve a ser Girona F.C.

2006 Ascenso de 3ª a 2ªB y solo un año después en 2007 Asciende de 2ªB a 2ª División, son buenos tiempos para el Girona F.C. que consigue una estabilidad deportiva.

2013 Final del Play-off de Ascenso a 1ª División, en semifinal derrotó a la A.D. Alcorcón, pero caería ante la U.D. Almería.

2016 Play-off de Ascenso, esta vez es el Córdoba C.F. el que frustra el Ascenso.

2017 Por fin el 4 de Junio de 2017 el Girona F.C. Asciende a 1ª División. Los hombres de Pablo Machín tras empatar a 0 con el Real Zaragoza logran el ansiado ascenso a 1ª.

2018 En su primera campaña en la Categoría de Oro, el refuerzo de Cristhian Stuani, jugador insignia desde ese momento, el Girona F.C. acabaría en un meritorio 10º puesto, que le daría una temporada más en la élite del fútbol español.

2022 Ascenso a 1ª División. El 19 de Junio de 2022, para no perder la tradición, de que siempre suben 1º, 2º y 6º, tras imponerse 0-0 y 1-3 en la Final del Play-off de Ascenso a 1ª División, al C.D. Tenerife, el Girona estará entre los grandes.

REAL **ZARAGOZA**

1917 I.S.C   1922 I.S.C.   1925 I.S.C.   1928 I.S.C.

1917 C.D.F.   1921 Z.F.C.   1924 Z.F.C.

1922 R.S.A.S.   1935 R.Z.C.D.   1931 Z.C.D.

1932   1941   1947   1951

1961   1970   2007   2012

REAL **ZARAGOZA**

HISTORIA

El 24 de Mayo de 1917 Los exalumnos del Colegio de los Jesuitas fundan el **Iberia Sport Club**. Ese mismo año de su fundación se proclama Campeón Regional de Aragón, título que conseguiría 12 años en su corta, pero impresionante historia. Las Avispas (como se les conocía) era el equipo mas potente de su época en Aragón. 1929 Arranca la recién inaugurada Liga en 2ª División, quedando Subcampeón de 2ª División y jugando play-off de Ascenso. 1930 Tercero en 2ª División y vuelve a estár a punto de ascender a 1ª División.

En Marzo de 1919 otro Colegio, el de los Corazonistas funda la Sociedad Atlética Stadium, en 1922 S.M. el Rey Alfonso XIII le concede el título de Real, pasa a ser Real Sociedad Atlética Stadium. 1921 Nace el Zaragoza Foot-Ball Club, en 1924 absorve al C.D. Fuenteclara de 1917. La unión de R. Sociedad At. Stadium y el Zaragoza F.C. forma el **Real Zaragoza Club Deportivo**.

El 18 de Marzo de 1932 Nace el **Real Zaragoza C.F .**, fruto de la unión entre el Iberia S.C. y Real Zaragoza C.D. como la fusión se produce en la Republica, seria Zaragoza C.D. y Zaragoza C.F.

1933 Con tan solo un año de historia empezando en 3ª División en la plaza de su progenitor Iberia, se proclamaría Campeón de 3ª los dos primeros años y conseguiría el Ascenso a 2ª.

1936 El Zaragora C.F. Asciende a 1ª División, este ascenso, sin embargo no sería efectivo hasta después de la guerra. El Real Zaragoza ha estado un total de 58 temporadas en 1ª División.

5 de Julio de 1964 Campeón de Copa del Generalisimo, la actual Copa del Rey. Con un resultado de Real Zaragoza 2-1 Atlético de Madrid, con goles de Lapetra y Villa, llega la primera de sus 6 Copas de España. 1966 la dupla magica de Villa y Lapetra hacen el 2-0 freante al Athletic Club, para volver a ser Campeón de Copa dos años después.

24 de Junio de 1964 El Real Zaragoza conquista Europa y se proclama Campeón de la Copa de Ferias, en una Final Española y dejando en el camino equipos como la Juventus, con un resultado de Real Zaragoza 2-1 Valencia, con goles de Villa y Marcelino, llega la 1ª Europea.

1974 Subcampeón de Liga de Primera División. Si bien este fue su mejor puesto en liga, tambien ha acabado 4 temporadas en el podium. 1978 Se proclama Campeón de 2ª División.

1986 Campeón de Copa del Rey. Tras el gol de Rubén Sosa en el Real Zaragoza a 1-0 F.C. Barcalona. Llega la 3ª Copa. Vuelve a ser Campeón de Copa del Rey en 1994, en 2001 en ambas imponiendose al Real Club Celta y en 2004 imponiendose por 2-3 al Real Madrid, en esta última marcaría Villa, tan grande como el otro, pero este Campeón del Mundo.

1995 CAMPEÓN DE LA RECOPA DE EUROPA. Nayim en el 120′ desde su campo, liquida al Arsenal en la Final de la Recopa de Europa. Con el resultado de Real Zaragoza 2-1 Arsenal, con gol de Juan Eduardo Esnáider y en la prórroga Nayim, traen la copa para Zaragoza, en una de las finales más épicas que se recuerdan.

2005 Campeón de Supercopa de España tras remontar un 0-1 vence por 1-3 al Valencia C.F.

1906

1908

1910

1911

1912

1928

1931

1941

1955

1962

1973

1997

2000

CENTENARIO

HISTORIA

En 1906 el **Club Deportivo Sala Calvet**, disputa sus primeros encuentros en el deporte del Balompié. El 8 de Diciembre de 1906 se inscribe el C.D.S. Calvet como club de fútbol. Por aquel entonces el **S.D. Coruña**, era el otro equipo de la ciudad, y su rival. El 4 de Febrero de 1909 SM el Rey Alfonso XIII, concede a la Sala Calvet el título de Real. Desde ese día **Real Club Deportivo Sala Calvet**.

1910 Subcampeón de Copa del Rey Alfonso XIII, honor compartido con el Español de Madrid, los 2 salieron derrotados por el F.C. Barcelona.

1912 Tras la desaparición de su rival la S.D. Coruña que desde 1908 ya era **Real C. Coruña**, el R.C.D.S. Calvet adopta el nombre de la ciudad. Pasando a denominarse como todos lo conocemos **R.C. Deportivo de la Coruña**.

1940 R.C. Deportivo sale Campeón de Liga de 2ª División, no sería el único, también lo conseguiría en 1962, 1964, 1966, 1968 y 2012.

1941 No sería hasta este año cuando el Deportivo Asciende a 1ª División. Hasta 1957 solo dos años en 2ª y el resto en 1ª reflejan la solidez deportivista.

1950 El Deportivo consigue el Subcampeonato de Liga de 1ª División. En 1994, 1995, 2001 y 2002 también lograría el segundo puesto en Liga.

El Súper Dépor. El 3 de Octubre de 1992 el Deportivo es líder en solitario de 1ª, estos eran los cimientos de un coloso herculino. Con jugadores como Bebeto, Mauro Silva o Fran el Dépor encandilaba a España. 1993 Debut europeo vía UEFA, dos rondas es lo máximo que llegaría el Súper Dépor.

1995 Campeón por fin. El 27 de Junio de 1995 tras imponerse 2-1 al Valencia C.F. el Súper Dépor es Campeón de Copa del Rey. El 7 de Agosto de 1995 Súper Campeón, tras imponerse por 1-2 y 3-0 con un parcial de 5-1 al R. Madrid, gana su primera Súper Copa de España, después vendrían las de 2000 y 2002.

2000 CAMPEÓN DE LIGA DE 1ª DIVISIÓN. El 19 de Mayo del 2000 y después de imponerse 2-0 al RCD Espanyol, el RC Deportivo se proclama Campeón de Liga. Con una espina dorsal enorme, con Songo'o, Donato, Naybet, Dyamiha y Roy MaKaay se forjaba una leyenda. A esta liga le seguirían dos 2º puesto y dos 3º, además de 5 participaciones en Champions, en ellas vencería en Old Trafford 2-3, Olímpico de Munich 2-3 o Parque de los Príncipes 1-3, eliminaría además a Juventus FC, AC Milan, entre otros.

2002 Campeón de Copa del Rey, la segunda Copa en la historia. El `Centenariazo´, en el año del centenario del R. Madrid, el Dépor se impone 1-2 en un Bernabéu ávido de celebración. Después de su centenario en 2006, el Dépor entraría en una crisis que está muy cerca de su fin.

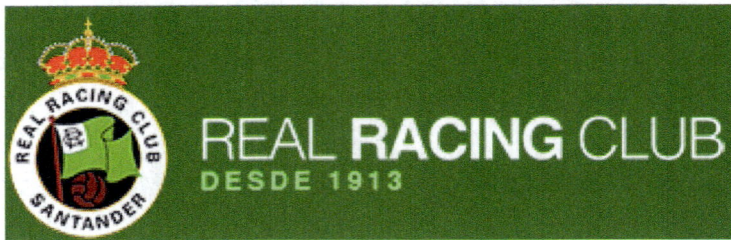

REAL **RACING** CLUB
DESDE 1913

1913   1923   1925   1927

1929   1931   1934   1940

1941   1957   1975   2003

2013   CENTENARIO   2013

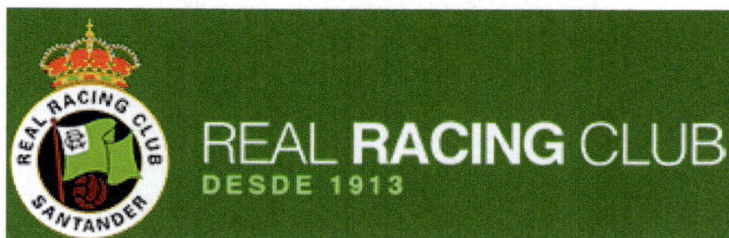

REAL **RACING** CLUB
DESDE 1913

HISTORIA

El 23 de Febrero de 1913 el **R. Racing Club** disputa su primer encuentro y se toma como fecha de nacimiento del, por entonces, **Santander Racing Club**. El 17 de Agosto de 1913 juega su primer partido en los Campos de Sports de El Sardinero. El 14 de Noviembre se inscribe en la Federación Norte. En Noviembre de 1915 desaparece el máximo rival de la provincia, el **Real Santander F.C.** se decide incluir en el club a 9 jugadores Santanderinistas, que junto con los Racinguistas sin duda da mucha fuerza al club.

1917 Subcampeón de la Federación Norte, los Racinguistas quedan por delante del Athletic.

1927 Campeón virtual de Liga Máxima de Foot-ball, que acabó inconclusa, simiente de la primera Liga Nacional de Futbol de 1ª División. A su finalización el Racing era líder.

1928 El Racing tras pasar varias eliminatorias es uno de los 10 integrantes de la Primera Liga de 1ª División 1928-1929.

1930-1931 Subcampeón de Liga de 1ª División. Entrenado por Robert Firth, empatado a 22 puntos con el Athletic Club que fue el Campeón. Esta es la cota más alta del Real Racing Club. De 1928 a 1940 en la máxima categoría del fútbol español, cosechando además del subcampeonato, un 3º puesto y dos 4º.

1950 Campeón de Liga de Segunda División. Lo que le llevará a otro lustro en la Categoría de Oro. De 1950 a 1955 el Racing es de 1ª.

1960 Vuelve a salir Campeón de 2ª División y nuevo ascenso a 1ª, después de dos años en 1ª, pasa por uno de los periodos más complicados de su historia, descendiendo hasta 3ª División.

1973 Ascenso a 1ª División. A partir de este año el Racing pasa por un largo periodo de estabilidad. Hasta 1987 el club mantiene un alto nivel, con 10 años de esos 14 en 1ª.

1993 El Racing se consolida en 1ª División, de 1993 a 2012 solo desciende un año a 2ª División y es esta la nueva época dorada del R. Racing Club. En este periodo se condensan los éxitos del Racing en este siglo.

2000 El Delantero Racinguista Salva Ballesta acaba Pichichi de 1ª División.

2008 Semifinalista de Copa del Rey, además ese mismo año acabó sexto en liga, jugando Competición Europea UEFA. En 2010 Semifinalista de la Copa del Rey de nuevo. Estos logros se consiguen de la mano del técnico Marcelino García Toral.

De sus seis participaciones en la extinta 2ªB, el Racing ha salido Campeón en cuatro de ellas.

2022 Primer Campeón de la historia de la nueva competición Primera RFEF. Y ascenso a 2ª.

Real SPORTING de Gijón, S.A.D.

1905

1912

1912 REAL

1920

1921

1923

1924

1929

1931

1940

1941

1943

1950

1974

1978

1997

CENTENARIO

HISTORIA

El Sporting de Gijón nace el 1 de Julio de 1905, su primer nombre fue **Sporting Club Gijonés**.

1912 El Rey Alfonso XIII acepta la presidencia de honor del Club y le concede el título de Real, pasando a ser **Real Sporting Gijonés**.

1916 El Sporting cambia el nombre a **Real Sporting de Gijón** y es Campeón Regional de Asturias, su primer título, no vendría solo, fue Campeón de manera consecutiva hasta 1924.

1928-1929 Empieza la primera liga española en 2ª División.

1941 Real Gijón, se suprimen los anglicismos por decreto y Sporting desaparece de su nombre. Siempre conocido como Sporting fue como perder su identidad.

1944 El R. Gijón es de 1ª, consigue en la temporada 1943-1944 su primer ascenso a la máxima competición. 1944-1945 En su primera campaña en 1ª el Real Gijón se impone por 6-0 en el derbi asturiano al R. Oviedo. Acabaría 7º en su primara campaña en 1ª. El R. Gijón se mantuvo 4 años en la máxima categoría.

1950-1951 De vuelta en 1ª. El ascenso se consiguió con un record de 100 goles en la categoría de plata. Dos años duraría se andadura por primera división. En la temporada 1956-1957 se supera este record en un nuevo ascenso a 1ª, esta vez con 106 goles, con goleadas como las del 11-0 al Lérida. Ricardo Alós marca la friolera de 46 goles ese año.

1970 Enrique Castro `Quini´ como máximo goleador de 2ª retorna al Sporting a 1ª.

1973 Semifinalista de la Copa del Generalísimo. En 1974 y 1976 Quini es pichichi de 1ª, pero esta última campaña descendió.

1977 Comienza la época dorada del Sporting. Asciende a 1ª División. En la temporada 1977-1978 consigue el 5º puesto y su clasificación para UEFA por primera vez en su historia. 1978-1979 Campeón de invierno y vuelta a Europa, el Sporting acaba 2º en su mejor año en liga, con nueva participación en UEFA, Quini de nuevo máximo goleador. 1980 Un Sporting totalmente consolidado y rondado el campeonato acaba 3º y en UEFA, se repetiría participación europea en 1985, 1987 y 1991 para un total de 6 participaciones en UEFA. Quini pichichi de nuevo.

1981 Finalista de Copa del Rey. F.C. Barcelona 3-1 R. Sporting de Gijón.

1982 Finalista de Copa del Rey por segundo año consecutivo. R. Madrid 2-1 Sporting.

El R. Sporting de Gijón siempre se ha movido entre 1ª y 2ª, siendo la 2ª su peor categoría, lo que le convierte en uno de los principales equipos de España. Ocupa el puesto 15º en la clasificación histórica, con un total de 42 campañas en 1ª División.

Real OVIEDO
DESDE 1926

1914 S.C.O

1918 R.S.C.O

1921

1925

1918 C.D.O

1925 R.C

1926 R.O.F.C

1931 O.F.C

1934

1941 R.O.C.F

1942

1945

1953

1957

1988

1996

2000

2019

HISTORIA

1914 Nace el primer club fundador del Real Oviedo, el Stadium Ovetense. En 1918 concede la presidencia de honor a S.M. el Rey Alfonso XIII y éste en agradecimiento le otorga el título de **Real Stadium Club Ovetense**. En 1918 el club sufre una escisión debido a discrepancias internas, de ella nace el Club Deportivo Ovetense. En 1925 el C.D. Ovetense es Campeón de Asturias y recibe también el título honorífico de **Real Club Deportivo Ovetense**.

El 26 de Marzo de 1926 el Real Club Deportivo Ovetense y el Real Stadium Club Ovetense, dos clubes rivales que parecían irreconciliables, se unen para formar el **Real Oviedo F.C.**

1928 Campeón de Asturias, ya como Real Oviedo, llegan los primeros frutos de la fusión. Repetiría título de Campeón de Asturias en 1929.

1933 Campeón de 2ª División y Primer Ascenso a 1ª División. Tres temporadas en primera, con dos 3º puesto en 1935 y 1936. La guerra hizo un daño añadido al Real Oviedo, que quedó a solo 3 puntos de ser Campeón y siendo el equipo con la dinámica más ascendente de 1ª División.

1952 Campeón de 2ª División y Ascenso a 1ª División. 5 Campeonatos de 2ª División ha conseguido el Real Oviedo, además de los ya citados, en 1958, 1972 y 1975.

1957 El derbi histórico. En la temporada 1956/7, como visitante Real Gijón 0-6 Real Oviedo.

1963 Tercero en 1ª División, volviendo a calcar su mejor Clasificación histórica. 38 campañas en 1ª División han contemplado a este transatlántico del fútbol español.

1988 Último Ascenso del Real Oviedo a 1ª División. Una larga y exitosa racha que le mantendría en la Categoría de Oro hasta la temporada 2000-2001.

1991 Clasificación para competición Europea, Copa de la UEFA, tras su 6º puesto en Liga el Real Oviedo va a la UEFA.

2000 Inauguración del Nuevo Carlos Tartiere. A partir de aquí el Real Oviedo pasaría la peor época de su historia.

2022 Después unos años inciertos, el Real Oviedo ha estado a punto de meterse en el play-off de ascenso a primera después de más de 20 años, todo apunta a que en breve volverá a tocar la gloria de 1ª División.

UNIÓNDEPORTIVA
LASPALMAS

M.F.C. 1905

C.V. 1907

R.C.V. 1923

C.D.G.C. 1914

A.C.S.C. 1926

A.C.1940

1949

1950

1969

1985

2011

HISTORIA

El 12 de Mayo de 1905 en el barrio de Arenales es fundado el **Marino Foot-Ball Club**. En 1907 en el Puerto de la Luz se crea el **Club Victoria**, el 5 de Febrero de 1923, su presidente de Honor, S.M. el Rey Alfinso XIII, le concede el título de Real, pasando a ser **Real Club Victoria**. 1914 en Junio, partiendo como base el **Club Tristany**, nace el **Club Deportivo Gran Canaria**. En 1921 se crea el **C.D. Santa Catalina**, que se reestructura el 7 de Agosto de 1926 y pasa a llamarse **Athletic Club**, los leones del puerto. El ultimo en fundarse en 1940 es el **Arenas Club**.

1949 El 22 de Agosto de 1949, fruto de la fusión de estos 5 Clubs, nace la **Unión Deportiva Las Palmas**. En este año se inaugura el Estadio Insular.

1951 Solo 2 años después de su creación, queda comprobada la fuerza de la Unión y logra su Primer Ascenso a 1ª División. No sería este año de consolidación en la categoría de oro.

1954 Campeón de 2ª División y nuevo Ascenso a 1ª División. 6 temporadas le contemplarian esta vez en 1ª División.

1964 Campeón de 2ª División, repite título y retorna a la Élite de 1ª División, esta vez 19 temporadas seguidas en División de Honor, comienza aquí la edad de oro Pio, Pio.

1968 Tercer puesto en liga detrás de R. Madrid y F.C. Barcelona. Esta es la ocasión en la que estuvo mas cerca del título de Liga, peleado hasta las últimas jornadas. Clasificado para Competición Europea, en Copa de Ferias de la UEFA.

1969 SUBCAMPEÓN DE LIGA DE 1ª DIVISIÓN. Mejor puesto de la historia en Liga. Debút en Europa en copa de ferias. Destaca la victoria ante Estrella Roja por 8-4, o el 4-0 ante el Torino.

1978 Subcampeón de Copa del Rey, el 19 de Abril de 1978 en la Final de copa del Rey con un resultado de F.C. Barcelona 3-1 U.D. Las Palmas, con golazo de Brindisi, se queda a un paso de la gloria. En 1983 Las Palmas perdería la categoría.

1985 Campeón de 2ª División y vuelta a la Élite.

2000 Campeón de 2ª División de nuevo.

2003 Inauguración del Estadio de Gran Canaria con capacidad para 32.000 espectadores, remodelado en 2016.

2015 Ascenso a 1ª División. Tras superar al Real Zaragoza en el Play-off de Ascenso. Tres temporadas más en la máxima categoría para hacer un total de 34 temporadas en División de Honor. En 2022 juega el Play-off de ascenso a 1ª División en el que cae en la primera eliminatoria.

GRANADA
CLUB DE FÚTBOL

1931 C.R.G.

1940

1950

1960

1970

1971

1980

2000

2009

2012

2017

HISTORIA

El 6 de Abril de 1931 se funda el **Club Recreativo Granada**. El Club ya existía con la denominación de Club Recreativo Español desde incluso antes de los años 30.

1940 El Club cambia su nombre por el actual **Granada C.F.**, adoptando el filial el de Recreativo Granada en 1947.

1941 El Granada C.F. logra su Primer Ascenso a 1ª División. Permanecería en la Categoría Reina hasta 1945.

1957 Campeón de 2ª División y Nuevo Ascenso a 1ª División. Otras cuatro temporadas contemplan al equipo Nazarí en la élite.

1959 SUBCAMPEÓN DE COPA DEL GENERALÍSIMO. La actual Copa de España o Copa del Rey, estuvo a un paso de inscribir al Granada C.F. con letras de oro, como equipo conquistador del título. El 21 de Junio de 1959 el F.C. Barcelona fue un durísimo rival, con un 4-1 final. Aunque en aquella Final de Copa, el `Zorro de Arteixo´ Arsenio Iglesias, en el minuto 61' marcaba el 2-1 y llevaba la incertidumbre al equipo blaugrana.

1967 Regreso a 1ª División. Esta vez para una temporada, aunque sólo para coger impulso.

1968 Campeón de 2ª División por segunda vez y Regreso rápido a 1ª División, la época más extensa en 1ª, con dos 6º puestos, en 1972 y 1974 siendo su Mejor Clasificación en Liga. Pero la cosa se tuerce tras el descenso de 1976 y va de mal en peor, hasta que en 2002 la Federación Española rompe la baraja y desciende administrativamente al Granada C.F. a 3ª División.

2011 Retorno a la Gloria. Ascenso a 1ª división tras un 5º puesto en 2ª División y jugar Play-off de ascenso. En la primera eliminatoria se deshace en los penaltis del Real Club Celta de Vigo y en la segunda, el gol average cuenta, tras el 0-0 y 1-1 frente al Elche C.F. En 2017 volvería a 2ª.

2019 Diego Martínez obra el milagro y con su magia convierte al Granada C.F. en el Euro Granada. Esa temporada asciende al Granada a 1ª y en 2020 consigue la Clasificación para Europa League. Esa temporada el equipo Nazarí hizo soñar a su afición con Champions, moviéndose siempre en los puestos de privilegio de 1ª División.

2021-2022 Incomprensible. Esta es la palabra que define al Granada C.F. esta temporada. Incomprensible que no siguiera Diego Martínez, incomprensible la racha negativa de Rober Moreno después de enderezar el rumbo, incomprensible después del 2-6 con Aitor Karanca en duelo directo contra el R.C.D. Mallorca y con todo a su favor, desciende en la última jornada de forma incomprensible.

hércules
de alicante cf

1922 H.F.C.

1927 H.F.C.

1932 H.F.C.

1941 A.C.D.

1942 H.D.A.

1943

1954

1966

1976

1982

1990

1996

2012

ACTUAL

CENTENARIO

HISTORIA

El Hércules como equipo se remonta a 1914, como asociado o canterano del **Club Natación de Alicante**, club éste puntero en la ciudad de Lucentum. En 1918 se proclamó campeón infantíl, en 1919 ya jugó su primer encuentro senior documentado.

El 22 de Septiembre de 1922 se inscribe en la Federación Levantina y nace oficialmente el **Hércules F.C.** Camiseta a rayas rojo y blancas y pantalón negro su primera equipación.

1928 Se disuelve el Club Natación de Alicante. El Hércules hereda sus símbolos y sus colores.

1930 El Hércules es Subcampeón Amateur de España, en presencia del Rey Alfonso XIII.

1932 Llega el primer título Campeón de Tercera División. Don René Bardín Delille aporta los terrenos del antiguo Esatadio Bardín, e impulsa el crecimiento del club.

Debut y Campeón. En la temporada 1934-1935 el Hércules debuta en Segunda División tras quedar cuarto en los campeonatos interregionales. En esta temporada mágica el Hércules F.C. sale Campeón de Segunda, y asciende a 1ª División. Un total de 43 temporadas en 2ª para HCF.

10 de Noviembre de 1935 en el Estadio Bardín el Hercules debuta contra el R. Madrid en 1ª división. En su primera temporada en 1ª el HCF quedaría 6º clasificado.

1941 José Pérez García guardameta herculano, se convierte en el Primer Internacional Español del equipo, gracias a su enorme actuación en 1ª.

1942 El **Alicante C.D.** y el **Hércules F.C.** se fusionan y crean el **Hércules de Alicante**. Un año después 1943 pasa a denominarse **Hércules C.F.**

1954 Regreso a 1ª División. Sumaría dos campañas mas en la élite. 1959-1960 Esta temporada el Hércules contaría entre sus componentes con el gran Luis Aragonés.

1966 Campeón de 2ª División y otro ascenso, volvería a hacerlo en 1996

3 de Agosto de 1974 Inauguración del Estadio Rico Pérez, Coliseo Alicantino de 30.000 espectadores. El Hércules Club de Fútbol ha disputado un total de 20 temporadas en 1ª División, siendo su mejor puesto 5º en la temporada la que nos ocupa 1974-1975.

1984-1985 Fichaje de `El Matador´ Mario Alberto Kempes.

2010-2011 Última temporada del Hércules en primera división. Esta ultima campaña configuró una plantilla para soñar, con D. trézéguet, R. Drenthe, Tote, Portillo o Valdez, pero acabó descendiendo. Destaca el F.C. Barcelona 0-2 Hercules, con goles de Nelson Haedo Valdez.

¡MACHO HÉRCULES!

1908

1909

1919

1921

1922

1923

1923

1927

1931

1944

1956

1984

1988

1997

2000

2005

CENTENARIO

ACTUAL

HISTORIA

El 27 de Marzo de 1908 nace la El **Murcia Foot-Ball Club**, al amparo de la Association Murcia de Foot-Ball, que constaba de numerosos clubes de la región. La diversidad de clubes en la ciudad, hacía que ninguno de ellos fuera lo suficientemente fuerte para competir con clubes punteros de otras regines vecinas, que solían ser selecciones de los mejores jugadores de esa región.

1919. Es por ello, que el 6 de Diciembre de 1919 se decide dar un impulso a al Club, refundándose en un club que englobara lo mejor de la región de Murcia, que no sufriera derrotas sonrojantes cada vez que le visitaran equipos punteros de otras provincias vecinas.

1923 Para la campaña 1923-1924 SM el Rey Alfonso XIII concede al Murcia F.C. el título de Real. Pasando a ser **Real Murcia F.C.**

1929 El Real Murcia arranca el Campeonato Nacional de Liga en 3ª División, pero ese mismo año consigue su primer Ascenso a 2ª División.

1936 Campeón de 2ª División. Debido a la Guerra Civil y a la restructuración del campeonato no se reflejaría en el primer ascenso.

1940 Ascenso a 1ª División. Después de la Guerra, el Real Murcia es el primero en hacer los deberes y se proclama Campeón de Liga de 2ª División 1939-1940. Sería su primer ascenso.

El 2 de Junio de 1950 tras superar su primera promoción de ascenso, en un R. Murcia 2-0 R. Oviedo, el Real Murcia regresa a 1ª División.

1955 Campeón de 2ª División. El Real Murcia es el Rey de 2ª, con 53 temporadas en la Categoría de Plata. Saldría Campeón de 2ª un total de 9 títulos, aparte de los ya mencionados, en 1963, 1973, 1980, 1986 y 2003.

2007 Última temporada del Real Murcia en 1ª División. Los pimentoneros han estado un total de 18 temporadas en 1ª División, que serán 1940-1941, 1944-...1947, 1950-1951, 1955-1956, 1963-...1965, 1973-...1975, 1980-1981, 1983-...1985, 1986,...1989, 2003-2004 y 2007-2008.

2014 El Caso Real Murcia. Tras finalizar la campaña en 2ª División como 4º Clasificado y claro aspirante a 1ª División, en una polémica decisión que podría haberse extrapolado a otros clubs con la misma situación administrativa, el Real Murcia es descendido por la Federación a 2ªB.

2019 Campeón de la Copa Federación. El 5 de Diciembre de 2019 tras el R. Murcia 1-1 Tudelano, se tuvo que recurrir a la tanda de penaltis, para que la afición pimentonera se llevara su, por el momento, última alegría.

1921

1923

1928

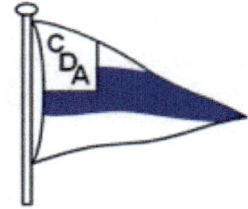

1941

1943

1950

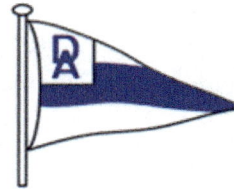

1956

1986

1995

2001

2009

2013

2021

CENTENARIO

DEPORTIVO ALAVÉS

HISTORIA

El 1 de Julio de 1920 nace en Vitoria el **Sport Friend´s Club** asociación de foot-ball, la simiente del **Deportivo Alavés**. 1921 El día 23 de Enero de 1921 tras asamblea el Sport Friend´s Club cambia su nombre a Deportivo Alavés. En 1923 incorpora otras secciones al club y vuelve a cambiar el nombre al de **Club Deportivo Alavés**.

1928 Semifinalista de Copa, es eliminado por el F.C. Barcelona que a la postre sería el Campeón. Este año se crea la Liga de Futbol y el Alavés es incluido en 2ª División.

1930 El Alavés se convierte en el primer equipo en ascender a 1ª División. También se convierte este mismo año en Campeón Regional.

1954 Tras varios años en 2ª el Deportivo asciende a 1ª por segunda vez, esta vez estaría dos años en la máxima categoría.

El 3 de Mayo de 1998 y tras décadas vagando por las categorías inferiores el Deportivo Alavés bate el record de puntos de 2ª División con 82 puntos y asciende de nuevo a la máxima categoría después de 42 años.

2000 Tras finalizar la campaña 1999-2000 en 6ª posición el Deportivo Alavés consigue la histórica clasificación para disputar la copa de la UEFA. Mención especial para la brillante actuación de su portero Martín Herrera, gran culpable de aquella gesta, Trofeo Zamora con 37 goles encajados.

Temporada 2000-2001 Subcampeón de Copa de la UEFA. El 16 de Mayo de 2001 en Westfalen Stadion de Dormund (Alemania), en una Final de infarto, que sería la mejor en la historia de la UEFA, el Deportivo Alavés cae por 5-4 tras gol de oro en la prórroga frente al Liverpool FC. Cabe destacar la inestimable aportación del goleador Javi Moreno con 33 goles esa temporada. También es importante reseñar que el Deportivo Alavés es el primer debutante en jugar una Final de la Copa de la UEFA.

2002 El puesto 7º en liga le permite su segunda participación en UEFA. Sin embargo cae eliminado en 2ª ronda y esa temporada desciende a 2ª.

2016 Retorno a 1ª División de la mano de José Bordalás.

2017 Subcampeón de Copa del Rey. Cayó por 3-1 frente a F.C. Barcelona, Theo Hernández fue el goleador del Deportivo Alavés.

2021 El Deportivo Alavés celebra su Centenario en 1ª División.

LEVANTE U.D.

CENTENARIO 2009

1909 G.F.C.

1915 G.F.C.

1919 G.F.C.

1926 G.F.C.

1929 G.F.C.

1931 G.F.C.

1936 G.F.C.

1912 L.F.C.

1919 L.F.C.

1922 L.F.C.

1923 L.F.C.

1928 L.F.C.

1931 L.F.C.

1939   L-G.

1941

1943

1953

1986

2010

LEVANTE U.D.   CENTENARIO 2009

HISTORIA

En Septiembre de 1909 en Valencia nacen en paralelo el **Levante F.C.** y el **Gimnástico F.C.**

1924 El Gimnástico F.C. se proclama Campeón Regional de Valencia. Desde entonces **Real Gimnastico F.C. de Valencia.**

1929 Levante F.C. Campeón Regional de Valencia. 1935 Campeón Regional e Interregional y Semifinalista de la Copa del Rey ya como Copa de España, eliminando a Valencia C.F. y F.C. Barcelona.

1937 El Levante F.C. se proclama. CAMPEÓN DE COPA de la España Libre.

1939 El 6 de Agosto estos dos clubes deciden en asamblea su fusión y eligen como primer nombre **Unión Deportiva Levante-Gimnástico**. El uniforme elegido es el azulgrana del Gimnástico. 1941 Cambio de denominación al actuál **Levante U.D.**

1946 Segundo en la liguilla de ascenso, el Levante U.D. asciende a 2ª División. Sería el primer ascenso de las muchas temporadas en 2ª.

1963 Tras acabar Segundo en 2ª, el Levante consigue su Primer Ascenso a 1ª División, dos temporadas serían las que estaría en su primera tentativa en la élite. 16 temporadas en 1ª contemplan al Levante U.D. El 15 de Septiembre de 1963 contra el R.C.D. Español en Barcelona el Levante U.D. debuta en la maxima competición del fútbol Español.

1981 El Levante ficha a Johan Cruyff, el 1 de Marzo de 1981 y en un Levante - Palencia, debuta Johan. Menos de media temporada en la categoría de plata no fueron suficientes para ascender a 1ª.

Pasarían decadas y bajaría hasta el pozo de la 3ª División, hasta que en 2004 los Granotas consiguen retornar a 1ª División, de la mano de Manuel Preciado sale Campeón de 2ª División.

2006 Otra vez en el Olimpo de 1ª dos temporadas más.

2010 El Ascenso con la permanencia más larga en 1ª, seis años consecutivos en 1ª división.

2012 Mejor puesto en 1ª, el Levante U.D. acaba sexto en liga. De la mano de Juan Ignacio Martinez consiguen plaza Europea. 23 de Agosto de 2012 el Levante se converte en Eurolevante.

2017 Campeón de 2ª, este año el Levante U.D. solo bajaría para ser Campeón y coger impulso para retornar a 1ª.

CLUB DEPORTIVO
TENERIFE SAD | FUNDADO EN 1922

1912 T.S.C.

1922 C.D.T.

1924

1943

1953

1962

1969

1972

1983

1992

1922-2022

CENTENARIO

HISTORIA

1912 Para entender los orígenes del **C.D. Tenerife** nos remontaremos al día 21 de Noviembre de 1912, ese día nace el **Tenerife Sporting Club** en la ciudad de Santa Cruz de Tenerife.

1922 El 8 de Agosto de 1922, con una nueva junta directiva, el Tenerife S.C. cambia su denominación a C.D. Tenerife, e inexplicablemente el club toma ésta como fecha de fundación.

1929 El C.D. Tenerife se proclama Campeón Insular de Copa de S.M. el Rey Alfonso XIII, no confundir con la copa de España (Copa Coronación). El 1 de Mayo de 1929 el Tenerife vence al Iberia y se proclama Campeón. Hay que aclarar que era un torneo insular y no a nivel nacional, que ese año se la llevaría el R.C.D. Español. También este mismo año se proclamaría Campeón de Liga Regional, así repetiría título 10 veces hasta 1953.

1940 Campeón de Liga Inter Regional, este campeonato lo ganaría 4 veces hasta 1950.

1952 Se produce el primer ascenso del C.D. Tenerife a 2ª División, en 1961 el club obtiene el Subcampeonato de 2ª División y asciende a 1ª División. Equipo dirigido por Heriberto Herrera.

1961 El debut en la Élite del fútbol Español se produjo el 3 de Septiembre de 1961. Estableciendo el record del gol más rápido de la historia de un debutante, a los 40 segundos Paquillo abrió la cuenta goleadora del C.D. Tenerife 4-1 R. Sociedad. Sería un paso fugaz por 1ª sin embargo.

1989 El Tenerife retorna a 1ª y larga y prolija estancia en la categoría reina del futbol español.

En las temporadas 1991-92 y 1992-93 el C.D. Tenerife se convertiría en juez de la liga, privando de ellas al R. Madrid en la última jornada, en prácticamente calcadas circunstancias. Las 2 victorias del C.D. Tenerife ante el R. Madrid dieron la liga al F.C. Barcelona.

1993 El 5º puesto en liga sería su mejor clasificación histórica y la consecución de su pasaporte a Europa vía UEFA, en ella pasó dos eliminatorias y fue eliminado por la Juventus de Turín. Esta temporada también alcanzó Semifinales de Copa del Rey. La 1993-94 es hasta el momento la mejor temporada del C.D. Tenerife en su historia.

1996 Nuevamente el C.D. Tenerife repite quinto puesto en liga. Consigue otra clasificación Europea vía UEFA. 1997 Semifinalista de la Copa de la UEFA, cae en la prorroga ante el Schalke 04 por 2-1.

2001 Ascenso a 1ª División, solo una temporada tanto en este penúltimo ascenso, como en el 2009 que fue el último Ascenso a 1ª División.

2020 Finalista del Play-off de Ascenso a 1ª División ante el Girona F.C. que pierde 1-3 en casa.

CE SABADELL FC
FUNDAT EL 1903

1903

1915

1928

1935

1941

1943

1945

1947

1974

1975

1980

ACTUAL

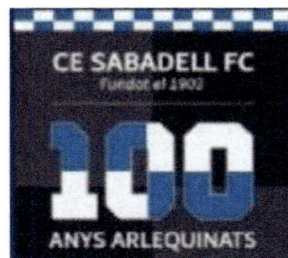

CE SABADELL FC
Fundat el 1903

100

ANYS ARLEQUINATS

2003 CENTENARIO

CE SABADELL FC
FUNDAT EL 1903

HISTORIA

Corría el año 1903 cuando se fundó, el que es por historia y palmarés, el tercer equipo de Cataluña el **Centre D`Esports Sabadell F.C.**

1913 Campeón de España de Segunda Categoría. Competición anterior a la RFEF. Final que se disputa a cinco encuentros, todos ellos en la Capital que era a su vez feudo del rival el Cardenal Cisneros, este equipo no se presenta al quinto encuentro.

1932 Campeón de 3ª División, repetiría título en 1964, 1977 y 1994.

1934 Campeón de la Copa de Catalunya

1935 El C.E. Sabadell F.C. se proclama Subcampeón de Copa de España. En una final, mermados por las lesiones los Arlequinados caen ante el Sevilla F.C.

1942 CAMPEÓN DE 2ª DIVISIÓN y Primer Ascenso a 1ª División. Esta fue la primera de las 14 temporadas que el **C.D. Sabadell C.F.** ha estado en la élite del fútbol español.

1946 Campeón de 2ª División y un nuevo Ascenso a 1ª División.

1969 El cuarto puesto en la Liga española le supone su primera clasificación para competición Europea en la Copa de Ferias. Esta es hasta el momento la mejor clasificación en la historia del C.E. Sabadell.

1984 Campeón de 2ªB. Único título de la extinta categoría.

2000 Los Arlequinados se proclaman Campeón de la Copa Federación. Campeonato de la RFEF a nivel nacional. Tras imponerse Elche Ilicitano 1-3 C.E. Sabadell, en el estadio Martínez Valero.

2003 Centenario Arlequinado. El C.E. Sabadell F.C. cumple 100 años.

| 1904 M.F.C. | 1927 R.M. | 1912 F.C.M. | 1923 F.C.M. | 1930 M.S.C. | 1939 C.D.Mc |

| 1940 C.D.Mc | 1941 C.D.M. | 1943 | 1945 | 1948 | 1950 |

| 1952 | 1955 | 1958 | 1962 | 1963 | 1968 |

| 1970 | 1974 | 1975 | 1976 | 1976 V. | 1977 |

| 1982 | 1983 | 1984 | 1986 | 1988 | 1991 |

 **MALAGA**CF
SINCE 1904

CDMALAGA

1948 C.A.M.

1958

1963

1974

1988

1992

1993

1994 M.C.F.

1995

1997

1999

2003

CENTENARIO (PROYECTO)

2014

ACTUAL

HISTORIA C.D. MALAGA

1904 Se da origen al fútbol en Malaga con la creación del **Malaga Foot-Ball Club**, este club, aunque el actual ni el anteriór Malaga lo reflejaron, llegó a ser Real, a través de un bando de S.M. el Rey Alfonso XIII En 1927. En 1930 cambiaria su denominación **Real Malaga Sport Club**. En 1912 Nacía el **Foot-Ball Club Malagueño**, estos 2 clubes se fusionarian el 22 de Marzo de 1933 dando como resultado el **C.D. Atlético Malacitano**. 1940 Cambia su denominación a **C.D. Malaga**. 1941 Inauguración del Estadio de La Rosaleda.

1940 Campeón de la Copa Presidente FEF. En 1947 se proclama Campeón de la Copa Federación tras vencer C.D. Malaga 6-0 C.D. Iliturgi, el equipo boquerón se impone en una de las finales mas desiguales de la historia de ésta Copa.

1950 Asceso a 1ª División del C.D. Malaga. Ha estado un total de 20 temporadas en 1ª División y 31 en 2ª División. 1952 Campeón de 2ª División, título que revalidaría en 1967 y 1988. En 1992 por la acumulación de deuda, se disolvería la sociedad y el dejaría de competir.

HISTORIA MALAGA C.F.

El 25 de Mayo de 1948 se constituye oficialmente el **Malaga C.F.** Nace como **Club Atlético Malagueño** y filial del C.D. Malaga. No despegaría si no, hasta la desaparición del C.D. Malaga del que heredaría su potencial.

1999 Campeón de 2ª División y Ascenso a 1ª División. El Malaga C.F. ha logrado estar en 1ª un totál de 17 temporadas, no teniendo un palmarés tan extenso como su antecesor, pero más intenso.

El 13 de Mayo de 2012 con jugadores de la talla de Joaquín, Santi Cazorla, Isco, Van Nistelrooy, Sergio Baptista, Buonanotte o Demichelis, tras vencer en la última jornada de Liga, Malaga C.F. 1-0 Real Sporting, con gol de Salomón Rondón, el MALAGA C.F. LOGRA LA CLASIFICACIÓN PARA CHAMPIONS LEAGUE al conquistar la 4ª plaza.

2012-2013 El Euro Malaga incorpora a Javier Sabiola y Roque Santa Cruz. Debút en Champions inmejorable con el Malaga C.F. 3-0 Zenit de Sanpetersburgo. Anderlech 0-3 Malaga C.F. Malaga C.F. 1-0 A.C. Milan, con un empate 1-1 en San Siro les haría lideres de grupo. Se cruzaría con el Oporto en octavos, 1-0 caería en Do Dragao, pero remontaría en La Rosaleda 2-0 con goles de Isco y Santa Cruz. El Borussia Dormun sería el siguiente, 0-0 en La Rosaleda y en Alemania perdería una renta de 1-2 con goles de Joaquin y Eliseu que llevaba en el 90´, pero en el descuento todo se fue al traste y acabó encajando 2 goles, que le impidió pasar a Semifinales de Champions League. Noobstante en Liga alcanzaría la 6ª plaza, que le daría acceso a Europa League, en un año inolvidable.

1907 C.D.E.   1928   1930   1945   1955

1968   1985 C.E.E. 2007 CENTENARIO   2012   2021

HISTORIA

En el año 1907, la unión de dos clubes de Barcelona, el Provençal y Madrid de Barcelona dan origen al **C.D. Europa** el 5 de Junio de 1907.

1919 EL C.D. Europa se proclama Campeón de Cataluña.

1923 Sin lugar a dudas éste es el año del C.D. Europa, Se proclama Campeón de Copa Catalunya que es el equivalente a la liga catalana y además su hito histórico a nivel nacional, alcanza la Final de Copa del Rey, saliendo Subcampeón de copa contra el Atletic Club.

1928 Equipo fundador de la Primera Liga Nacional de fútbol español 1928-1929.

1929 Se consolida en primera división estando tres temporadas consecutivas hasta 1931.

1944 Campeón de Copa Federación, el C.D. Europa vuelve a llegar a una final nacional, esta vez para ganarla.

1997 CAMPEÓN DE COPA CATALANA. Salto en el tiempo para lograr la mayor gesta, del ya denominado **C.E. Europa**, dentro de Cataluña, Campeón de Copa Catalunya frente al F.C. Barcelona.

1998 Por si no era suficiente mérito ganarle al F.C. Barcelona una final de la Copa de Catalunya, este año se vuelve a proclamar Campeón.

2007 El dia 5 de Julio el Club celebra su Centenario.

2015 Campeón de nuevo de la copa de Catalunya, una copa que ha cogido apego al C.E. Europa.

UDSalamanca

1923 U.D.E.

1932 U.D.S

1948

1974

1995

2009

1943 S.C.F.

1997 S.C.D.

2013 S.C.F.

2017 S.UDS

2019

2013 U.S.

UDSalamanca

HISTORIA

El 9 de Febrero de 1923 fue fundada la **Unión Deportiva Española**, el acta fundacional se firma en la emblemática Plaza Mayor de Salamanca.

1924 Campeón Regional Leonés, la Unión Deportiva Española gana el primer título en el primer año de competición. 1931 Con la Segunda República cambia su denominación a **C. Deportivo Salamanca**, un año después volvería a cambiar a la actual de **Unión Deportiva Salamanca**.

1936 La Unión Asciende a 2ª División por primera vez en su historia. No sería efectivo el ascenso hasta 1940 debido a la guerra civíl. Un total de 34 temporadas ha estado la Unión en 2ª División, aunque nunca ha salido campeón, tiene cuatro subcampeonatos de 2ª. Ha salido 8 veces Campeón de 3ª División y 4 Campeón de 2ªB.

8 de Abril de 1970 Inauguración del Estadio Helmántico.

1972 Jose Luis García Traid coge el equipo en 3ª División y lo Asciende dos años consecutivos, hasta lograr el Ascenso a 1ª División.

1974-1975 Debút en 1ª División. De los 10 años siguientes 9 estuvo en 1ª. La temporada 1975-1976 fue la mejor temporada histórica en Liga con un 9º puesto.

En 1977 es Semifinalista de Copa del Rey, la Unión pasa por un momento dulce, afianzado en 1ª y a punto de jugar una Final. 1982 Tan solo una temporada en 2ª División y esta vez de la mano de Manuel Vilanova retorna a la élite del fútbol Español. Desciende en 1984 y pasa una década muy negativa.

1993 Juanma Lillo emulando a García Traid, coge el equipo en 2ªB, lo hace Campeón de la categoría de Bronce, y al año siguiente lo Asciende a 1ª División. 3 temporadas en 4 años, permanecería la UDS en 1ª División, hasta completar un total de 12 temporadas.

1999 Después del descenso, la Unión para intentar retomar la categoría, toma malas decisiones, la elevada deuda y la falta de un mecenas, hacen que el 18 de Junio de 2013 el Juzgado Mercantíl de Salamanca dicte la disolución del club.

2013. El 30 de Julio de 1943 se constituye el Salmantino C.F. En 1952 Se refunda como C.D. Salmantino, oficializándose filialidad con la UDS. En 1997 se rompe el acuerdo y se constituye la UDS B. En 2013 para proteger todo el entramado de cantera, acuerda la cesión e infraestructura al Salmantino. Así en 2013 nace el que hoy es el Salamanca C.F. UDS.

2013 El 26 de Agosto de 2013, en total desacuerdo con esta operación, gran parte de la masa social de la Unión, funda Unionistas de Salamanca C.F. A día de hoy el club más fuerte de Salamanca. Y el que más posibilidades tiene de recuperar el esplendor Unionista.

1920 C.F.C.

1922 C.F.C

1924

1932

1934-1936 C.D.C.V.

1941

1962

1964

1972

1974

1976

1987

2005

2015

2022 CENTENARIO

ACTUAL

HISTORIA

El **C.D. Castellón** fue fundado el 20 de Julio de 1922. La **S.D. Cervantes F.C.** fue el precursor del C.D. Castellón. Ante la demanda popular de que hubiera un Club con el nombre de la ciudad, la S.D. Cervantes F.C. cambia su nombre por el de **Castellón F.C.** y posteriormente por su actual denominación. A su equipación, camiseta blanca y pantalón negro se le añadiría en 1925 las rayas negras para no confundirlo con su maximo rival el Valencia C.F. dando origen a la actual albinegra.

1923 Inauguración del Sequiol, primer campo de los albinegros.

1929 El C.D. Castellón en 3ª división, elimina en Copa del Rey a doble partido al Atlético de Madrid de 1ª división, era un hito histórico por ser la primera vez que sucedía que un 3ª eliminara a un 1ª.

1933 Punto y aparte para el C.D.Castellón. Unos incidentes en el Sequiol en el transcurso de un partido contra el Oviedo, obliga a la federación a clausurar el campo y manda a los Castellonenses a Valencia, la directiva se niega y la federación excluye de la competición al C.D. Castellón y le obliga a su desmantelación, imponiendo un destierro a Valencia, no aceptado ni por club ni por afición. Entre 1934 al 1936 compite en el destierro un C.D. Castellón con ninguna vinculación a la afición ni a la ciudad de Castellón. Un equipo que simplemente es un hilo conductor de lo que vendría más tarde.

1939 El equipo para nada extinto como Club, reaparece tras la guerra civil, en lo deportivo, en Castellón y con todos sus valores intactos.

1941 Ascenso a Primera División. La primera de sus seis temporadas que el C.D. Castellón asciende a primera es en Chamartín y frente al Zaragoza.

1943 El Año en que el C.D. Castellón disputa el campeonato nacional de Liga hasta la penúltima jornada al Athletic Club.

El dia 4 de Noviembre de 1945 se inaugura Castalia.

1972 El dia 17 de junio y después de 25 años el Castellón asciende a Primera División.

1974 El C.D. Castellón es Subcampeón de Copa del Generalisimo. Los ¨orelluts¨ caen 2-0 en el Manzanares contra el Ath. Club.

Tras varios ascensos y descensos en la actualidad el C.D. Castellón milita en Primera RFEF, actual categoría de bronce del fútbol español.

C.D.LOGROÑES

LOG. 1922   1923   1929   1935   1940 C.D.L.

1975   1980   1987   2008

2000 C.D.R.   2005 L.C.F.   2002 A.D.F.   2009 S.D.L.

1967 C.D.V.   2009 U.D.L.   2020 U.D.L.

HISTORIA

El 17 de Diciembre de 1922 queda constituido el **C.D. Logroño,** este se inscribe en la
Federación Guipuzcoana de Fútbol. 1932 Campeón Regional de Guipúzcoa, tras quedar por
delante de la Real Sociedad (Donostia F.C. por aquel tiempo). 1933 Campeón de 3ª División.
1934 Sería este el Año del Ascenso a 2ª División, aunque quedó 3º en Liga. En 2ª División, tras
no presentarse a la cuarta jornada la Liga, la Federación Española de Fútbol decide retirarle
todos los puntos y descenderle de Categoría, ante esta situación y con una gran deuda el club
opta por su disolución.

El 30 de Mayo de 1940 para cubrir el hueco que había dejado en el sentimiento de la afición
riojana el C.D. Logroño, nace el **C.D. Logroñés**. Empieza su andadura en 3ª División. 1944
Campeón de 3ª División. Este campeonato lo revalidaría hasta 6 veces siendo la última en
2001. Pero no es hasta 1950 cuando Asciende hasta 2ª División. 18 Temporadas contemplan al
Logroñés en segunda división, de las que su mejor puesto fue solo un año después de su
ascenso, en 1951 quedaría Subcampeón de 2ª. Sin embargo la 1ª División se haría esperar.
1987 Ascenso a 1ª División. El 6 de Septiembre de 1987 se oye por primera vez en 1ª División
GOOOL EN LAS GAUNAS, Adolfo Muñoz en el 2´de juego inauguraba el marcador contra el
Athletic en el CDL 1-1 Athletic Club. El único Club Riojano que lo consiguió hasta el momento.
9 temporadas en 1ª, de las cuales 8 seguidas después de este primer ascenso. Desciende en
1995, para un año después volver a ser Subcampeón de la Categoría de Plata y afrontar su
última campaña en 1ª 1996-1997. A partir de 1997 todo iría a peor y en el año 2000 se repite la
historia de su antecesor y desciende dos categorías, una de ellas por descenso administrativo
por impagos. Definitivamente para la temporada 2009-2010 y ante la imposibilidad de saldar
su deuda, la Federación Riojana no acepta su inscripción esa temporada.

En el año 2000 nace el **C.D. Recreación**, con la intención de tomar el relevo al C.D. Logroñés. El
29 de Julio de 2005, se aprueba el cambio de nombre a **Logroñés C.F.** (2005-08)**,** después de 5
años en 2ªB acabaría descendiendo en 2008 y coincidiendo 3 años en la categoría con el C.D.L.
La **A.D. Fundación Logroñés** juega 3 promociones a 2ªB y en 2009 acaba desapareciendo. Se
funda el 4 de Junio de 2009 la **S.D. Logroñés**, Club de accionariado popular, surgido a raíz de la
desaparición del C.D.L. Ha sido 2 veces Campeón de 3ª División, 3 campañas en 2ªB y
actualmente está en el mejor momento de su historia, encuadrado en el mismo grupo de 1ª
RFEF que la U.D. Logroñés.

En 1967 nacía el **C.D. Varea** (1967), en 2009 es Campeón de 3ª División y ante la desaparición
del C.D.L. vende sus derechos federativos a NaturHause y nace la **U.D. Logroñés** que se
mantiene 11 temporadas en 2ªB y en 2020 asciende a 2ª División.

 **CÔRDOBA** CLUB DE FÚTBOL

 RCD**CÓRDOBA**

1928 R.C.

1934 R.F.C.

1940 C.D.C.

1944 R.C.D.

1945 R.C.D.

1953 R.C.

1951 S.A.

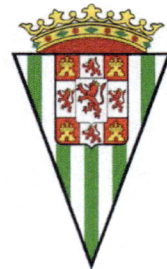

1954 C.C.F.

1972

1992

2001

2012

CÓRDOBA
CLUBDEFÚTBOL S.A.D.

HISTORIA

1928 El 3 de Octubre de 1928 una selección de jugadores del Sporting Club de Córdoba y el Electromecánica F.C. forman el **Racing Club de Córdoba**. En 1934 el Racing cambia su denominación a **Racing F.C.** En 1936 Asciende a 2ª División y en 1939 es efectivo el Ascenso. En 1940 cumpliendo la prohibición de los anglicismos, pasa a llamarse **C.D. Córdoba**. El nombre de **Real C.D. Córdoba**, por el que más se le conoce es de 1944.

1945 Inauguración del Estadio El Arcángel. Un total de 9 temporadas en 2ª División son las que ha disputado el R.C.D. Córdoba. El 31 de Julio de 1954, en junta directiva, se acuerda disolver la sociedad por acumulación de deudas.

1951 Nace el **C.D. San Álvaro**. En la temporada 1953-54 se produce en 3ª División la coincidencia en la misma categoría con el RCD. Córdoba, que acababa de descender de 2ª división. Después de la más que segura disolución del RCD Córdoba y tras conversaciones con la directiva del CD San Alvaro...

El 6 de Agosto de 1954 se aprueba acta de fundación del nuevo **Cordoba C.F.** Equipo que hereda la infraestructura y colores del RCD Córdoba y la plaza en 3ª División del C.D. San Alvaro.

1956 Campeón de 3ª División y Ascenso a 2ª División. Un total de 35 temporadas en 2ª División, que muchas son, siendo como es un equipo de 1ª.

1962 Campeón de 2ª División y Ascenso a 1ª División. 7 temporadas seguidas, 9 en total, en la élite del fútbol español, de las que en 1965 consigue su mejor puesto en Liga un 5º, que deja al Córdoba C.F. a las puertas de Europa.

1967 Semifinalista de Copa del Generalísimo. En un eslogan oficial del Córdoba, su presidente decía. —"Majestad su copa mola". Refiriéndose a la actual Copa del Rey, pero fue el 25 de Junio de 1967 contra el Athletic Club, cuando más cerca estuvo de jugar una final de Copa.

1971 Un golpe de suerte. Para la temporada 1971-72 la Liga decide aumentar a 18 participantes la 1ª División y el Córdoba C.F., que fue 4º sin plaza de ascenso, es ascendido a 1ª División.

2014 Si subir como cuarto en 1971 es un golpe de suerte, lo de la 2013-14, es una alineación perfecta de los astros. 7º en Liga, con un filial de por medio juega la promoción de ascenso a 1ª (hoy por hoy, que siempre sube el último sería favorito). El 24 de junio de 2014 con un resultado de U.D. Las Palmas 1-0 Córdoba en el 92' la afición de la Unión Deportiva invade el terreno de juego y el árbitro suspende el partido, en la reanudación de 30'' GOL del Córdoba y a 1ª División. Es el Ascenso mas irreal de los últimos tiempos.

SDEIBAR

1922 U.D.E.

1933

1940 S.D.E.

1954

1990

1993

1998

2015

HISTORIA

En 1922 nace la **Unión Deportiva Eibarresa** y en 1932 el **Club Deportivo Gallo**. En 1940 muy mermados ambos equipos tras la guerra civil, los pocos efectivos del C.D. Gallo se unen a la Unión Deportiva Eibarresa y el 30 de Noviembre de 1940 dan lugar a la **Sociedad Deportiva Eibar - Eibar kirol Gizartea**.

1953 Ascenso a 2ª División, permaneciendo 6 años en la categoría. Después del descenso tendrá una larga travesía entre 3ª y 2ªB.

1988 Vuelve a Ascender a 2ª División. 26 Temporadas en 2ª División, Ha logrado 2 campeonatos de 2ªB y 6 de 3ª División.

2007 Se impone en la final por el ascenso al Rayo Vallecano por 1-0 y logra un nuevo Ascenso a 2ª División.

El 25 de Mayo de 2014, la S.D. Eibar es matematicamente equipo de 1ª División CAMPEÓN DE 2ª DIVISIÓN. Tras vencer 1-0 al Deportivo Alaves se convierte en el equipo de 1ª división con menor presupuesto y de la ciudad con menos habitantes que ha jugado en la categoría reina.

7 temporadas en 1ª División, de las cuales 2016-2017 mejor temporada en puntos en 1ª División, con un 10º puesto en Liga y 54 puntos pasa por ser la mejor temporada del club.

2017-2018 Mejor puesto en Liga. En esta temporada no mejora en puntos, pero si en puesto quedando 9º, con 51 puntos.

En la temporada 2020-2021 pierde la categoría después de 7 temporadas seguidas entre los grandes.

2022 Después de estar toda la temporada en ascenso, cae a la promoción en el último suspiro, 1-0 minuto 93' frente al último clasificado A.D. Alcorcón en Santo Domingo. En el Play-off de Ascenso después de tenerlo todo a favor con el partido de ida, en la vuelta, en casa es remontado por el Girona, que a la postre jugaría la final y será el que ascienda.

ALBACETE BALOMPIÉ

1920 C.D.N.

1925 A.F.C.

1927 U.D.A.

1928 A.R.C.

1940 A.F.A.

1941 A.B.

1947

1987

1996

2009

HISTORIA

1920 Se funda el **Club Deportivo Nacional**, máximo representante de la ciudad de Albacete en el Campeonato Regional de Murcia. En 1917 nacería el Club Deportivo Albacete. En 1925 el **Albacete Foot-ball Club**, este equipo se clasifica para fase de Ascenso a 2ª División. En 1927 la unión Club Cinegético y el C.D. Albacete da lugar a la **Unión Deportiva Albacetense**. En 1928 lograría el título de Real otorgado por un bando de S.M. el Rey Alfonso XIII, pasando a ser **Albacete Real Club**.

1940 Tras la guerra civil es difícil la supervivencia de estos clubes si su pretensión es ser grandes, así el 1 de Agosto de 1940 se produce la fusión de los tres Club Deportivo Nacional, Albacete F.C. y Albacete Real Club U.D. El resultado la **Sociedad Deportiva Albacete Foot-ball Asociación.**

1941 La prohibición de los anglicismos obliga a cambiar el nombre, que pasaría a ser con el que a día de hoy se le conoce **Albacete Balompié**.

1946 Queda Campeón de 3ª División, el primero de los 8 títulos de 3ª. Aunque no sería hasta el tercer título de 3ª, cuando Ascendería a 2ª División, en el año 1950. Después del Descenso a 3ª de 1962, se produce la mayor crisis de la historia del Albacete llegando a estar 7 temporadas en los años 70s en Categoría Regional.

En 1990 El Míster Benito Floro tenía la fórmula mágica y en 2 años, sería Campeón de 2ªB el primero y al año siguiente Campeón de 2ª División, llegando en 1991 a la élite con su Ascenso a 1ª División. El Queso Mecánico no parecía tener techo y hasta la recta final de la temporada 1991-1992 peleó por una plaza en Europa, quedando al final 7º. 5 temporadas seguidas y 7 en total son las campañas del Albacete Balompié en 1ª División.

1995 Semifinalista de la Copa del Rey. Tras una intensa semifinal después del empate en el Carlos Belmonte, Albacete Balompié 1-1 Valencia C.F., un gol in extremis del equipo Che en Mestalla hacia el 2-1 y dejaba con la miel en los labios al Queso Mecánico. Descendería en 1996 a 2ª División.

2003 Ascenso a 1ª División, en su segundo ascenso estaría otros 2 años en 1ª. Después del descenso llega una década deportivamente difícil. 2014 Campeón de 2ªB y Ascenso a 2ª División.

2022 En la nueva Categoría 1ª RFEF, se clasifica para la liguilla de ascenso a 2ª División. El 11 de Junio de 2022 en el Estadio de Riazor, en la Final de la liguilla de ascenso, después del gol del Deportivo en el 25', Alberto Jiménez en el 83' fuerza la prorroga y en el 112' Jordi Sánchez certifica el épico ascenso a 2ª División.

ARENAS CLUB DE GETXO

1912

1927

1935

2000

2015

ACTUAL

2009 CENTENARIO

ARENAS CLUB DE GETXO

HISTORIA

En el año 1901 un grupo de amigos areneros aficionados al noble arte, se empezaron a reunir en los campos de Lamiakoi Leioa. En 1903 este grupo de amigos conseguiría la COPA ATHLETIC, maximo galardón en la categoría juvenil, enfrentandose a equipos de la talla de la U.Ciclista de San Sebastián que con el tiempo se convertiría en la actual R. Sociedad.

1909 Año de fundación del **Arenas Football Club**. Se forma la primera junta directiva y su primer presidente es D. Pedro Gaztañaga.

1912 con la presidencia de Feliciano Etxebarria el club adopta su actual nombre **Arenas Club**. El club se afilia a la Federación Norte, lo que le posibilitaría competir a nivel nacional. En esta federación se encontraría con Celta de Vigo, Racing de Santander, R. Sociedad o Athletic Club.

En 1917 consigue el campeonato de la Federación Norte, lo que daba acceso al Campeonato Nacional de Copa del Rey de S.M. Alfonso XIII. Alcanzó la final de éste cayendo 2-1 frente al R. Madrid en Barcelona.

Año 1919 CAMPEÓN DE COPA de S.M. el Rey. Esta vez sí. Arenas Club 5-2 F.C.Barcelona. 18 de Mayo de 1919 en Madrid. Este once Campeón lo conformaban : Jauregui, Vallana, Monacho, Uriarte, Arruza, J.M. Peña, Ibaibarriaga, Pagazaurtundua, Sesumaga, Barturen y F. Peña.

1920 Pagazaurtundua y Sesumaga se convierten en medalla de Plata Olimpica con la Selección Española en Amberes.

1922 y 1925 Campeón de Bizkaia. En 1925 vuelve a ser finalista de Copa del Rey, perdiendola esta vez 2-0 contra el F.C. Barcelona.

En 1927 nuevamente se proclama Campeón de Bizkaia y repite final de Copa del Rey, esta vez 0-0 contra R.U. Irún, el que se impondría por un gol en la prórroga.

1928 el Arenas Club forma parte del primer campeonato nacional de liga. Permaneciendo 7 años en la maxima categoría del fútbol español.

1930 Tercer puesto en la temporada 1929-1930, mejor puesto de la historia del Arenas Club.

En 1936 Campeón de copa Vasca 2-1 venció al Athletic.

Después de la guerra civil nada seria igual para el Arenas Club.

2009 Arenas Club cumple 100 años.

2019 Celebración del Centenario de la Copa del Rey.

BURGOSCF

1936 G.B.

1944

1946

1948 B.C.F.

1957

1965

1970

1982

1982 B.P.

1983 R.B.C.F.

1955 C.A.B.

1985 B.C.F.

BURGOSCF

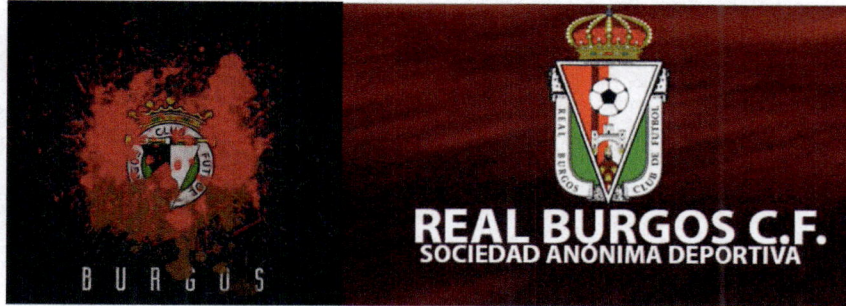

HISTORIA **BURGOS CLUB DE FÚTBOL 1936**

El 3 de Mayo de 1936 Se funda la Sociedad **Gimnástica Deportiva Burgalesa**, su actividad se ve interrumpida por la guerra civil inmediatamente después se retomaría en 1940. En 1946 cambia su denominación a **Gimnastica de Burgos** y en 1948 a **Burgos C.F.**

1952 Asciende a 2ª División, categoría en la que sólo estaría la siguiente temporada. 1956 vuelve a Ascender a 2ª División, pero no sería hasta el Ascenso de 1961 cuando consolida la Categoría de Plata. 1964 Inauguración del Estadio El Plantío, un equipo grande requiere un campo acorde con sus aspiraciones.

1971 Ascenso a 1ª División por primera vez en su historia, dos años en este primer ascenso avalan al Burgos C.F. Pero la mejor epoca del Burgos C.F. estaría por llegar. 1976 CAMPEÓN DE SEGUNDA DIVISIÓN y último ascenso a 1ª División, esta etapa gozaría de 4 temporadas entre los Grandes. 1980 Con el descenso a 2ª comienza la cuesta abajo y en 1982 desciende a 2ªB. 1983 A pesar de quedar 3º y pelear por el ascenso a 2ª División, se produce un descenso administrativo por deudas. Así en asamblea de compromisarios el 24 de Mayo de 1983 se decide su disolución. Entre tanto para evitar la total desaparición, su filial el **Burgos Promesas**, se desvincula del club antes de la disolución para seguir compitiendo.

HISTORIA **REAL BURGOS C.F.**

El 12 de Abril de 1983 se produce la desvinculación , el **Burgos Promesas** salva su desaparición, el 4 de Agosto de 1983 este club se refunda el el nuevo **Real Burgos Club de Fútbol**. En 1984 en su primer año de andadura sale Campeón de 3ª División y asciende a 2ªB en 2 años seguidos juega el Pla-off de Ascenso, en el segundo logra su Ascenso a 2ª División.

1990 Tras 3 años en la Categoría de Plata queda CAMPEÓN DE 2ª DIVISIÓN y Asciende a 1ª División. 1991 Debút en primera división y consolidación de la Categoría de Oro.

1992 Sin duda la mejor campaña del Real Burgos. Un imparable Real Burgos en Copa, solamete es frenado en octavos por el Real Madrid. Con Jugadores como Tocornal, Loren o el tridente Juric, Barbaric y Balint, el Real Burgos se queda a las puertas de Europa. Dejaría de competir en 1995 para retomar la competición en 2011, no volviendo a retornar a los años magicos.

HISTORIA **BURGOS CF 1985**

El 13 de Agosto de 1985 Se funda como Club Deportivo el nuevo y actual **Burgos C.F.** toma como base la plantilla del **C. Atlético Burgales**, club fundado en 1955 que desaparecería en 1996. A día de hoy el Burgos CF 2022 ha disputado la mejor campaña de su historia en 2ª.

 **PONTEVEDRA CF**

1941

1950

1960

1965

1975

1982

1995

2004

2018

PONTEVEDRA CF

HISTORIA

El 18 de Octubre de 1941 se funda el **Pontevedra C.F.** Los primeros años del Club son de rápido crecimiento y de la nada en poco tiempo se forja un gran club.

1943-1944 El equipo se estrena en Categoría Nacional, en 3ª División, esa tamporada es 4º en liga y se proclama Campeón de Copa Gallega. El Pontevedra engancha a la afición como equipo copero.

1947 Campeón de 3ª División, repetiría en 1948 y en 1960, a la tercera va la vencida, se produce el ansiado ascenso a 2ª División. Tres años consolidando la categoría de Plata.

1963 Campeón de 2ª División y Ascenso a 1ª División por primera vez en su historia. 1963-1964 En el estreno en la categoría reina, se le haría muy larga la Liga y en la recta final perdería conba acabando en el puesto 15º (penultimo) y perdería la categoría.

1965 Se Inaugura el Estadio de Pasarón para volver a ver al Pontevedra C.F. Campeón de 2ª División y por segunda vez Ascender a 1ª División. En la primera campaña 1965-1966 obtendría su mejor clasificación en 1ª División con un 7º puesto. Otros 5 años en 1ª, hasta completar 6 años con el Pontevedra C.F. entre los grandes.

Después del descendo de 1970 pocas alegrías ha tenido la afición de Pasarón hasta fin del milenio.

2004 y 2007 Campeón de 2ªB. en 2004 le supuso su último ascenso a 2ª División, pero el de 2007 no tuvo el premio del ascenso.

2018 CAMPEÓN DE COPA FEDERACIÓN. El 4 de Abril de 2018 en el partido de ida Ontnyent C.F. 0-1 Pontevedra C.F. el gol de Álex Gonzalez, sirve para que en Pasarón con el 0-0 el Pontevedra C.F. salga Campeón.

RealClubRecreativodeHuelva
decano del fútbol español · 1889
BIEN DE INTERÉS CULTURAL

1903

1907

1918

1931

1932

1941

1942

1945

1965

1977

CENTENARIO

2000

2004

2012 DECANO

2014

2017

2022

HISTORIA

El 23 de Diciembre de 1889 en el Salón de chimenas del Hotel Colón, nace el Club de Fútbol más antiguo de España, el **Real Club Recreativo de Huelva**. Es a su vez el equipo más antiguo de la península Ibérica. Su primer nombre **Huelva Recreation Club**.

1890 Primer partido en la Historia del Fútbol Español. Huelva Recreation Club 2-0 Rio Tinto CO. 1892 Inauguración de El Velódromo, su primer estadio. 1903 Campeón del Campeonato Regional Sur y Campeón de Andalucía. El Recre impuso se hegemonía en la Andalucía hasta 1916 con varios títulos. 1906 Campeón Andalucía y participación en el Campeonato de España.

1918 El Rey Alfonso XIII concede al Recre el título de Real Club, pasanso a ser Real Club Recreativo de Huelva. 1920 Primer equipo español en vencer un duelo Ibérico. Recre 3-1 Sporting Club de Lisboa, actual Sporting de Portugal.

1930 El Campeonato Regional sería Sustituido en 1929 por la actual Liga y sistema actual de categorías RFEF, así en 1930 conquistó el primero de sus 9 Campeonatos de 3ª División, en los años: 1931, 1947, 1951, 1957, 1959, 1961, 1969, y 1974, no incluyendo aquí el de 2022 que citaré mas adelante

1931 Obligación al cambio de denominación si quería seguir en competición oficial, al poder seguir siendo Real, opta por cambiar su denominación a **Onuba F.C.**

1940 Primer ascenso a 2ª División, de un total de 38 temporadas en la categoría de plata. 1957 Inauguración del Estadio Colombino. 1941 vuelve a cambiar a su nombre de origen.

1978 El Club consigue su Primer Ascenso a 1ª División, con Eusebio Ríos como técnico, con jugadores de la talla de Víctor Espárrago o Poli Rincón. En la primera jornada de Liga 1978-1979 el Recre es Líder de 1ª División, pero desafortunadamente acabaría descendiendo. El Recre ha jugado un total de 5 Temporadas en 1ª División.

1989 Triste Celebración de su Centenario, con el objetivo en 1ª, sin embargo, habría un nuevo descenso a 2ªB. Es el Club que más Trofeos Zamora ha conquistado en 2ª División, con 3 guardametas diferentes con Cesar Quesada, Toño Martinez y Vicente Guaita.

2003 Supcampeón de Copa del Rey, tras caer 0-3 frente al R.C.D. Mallorca. Bajo la dirección del técnico Marcelino García Toral, el Recre vive su Primera Final.

2006 Campeón de 2ª División y ascenso a 1ª División. Estaría 3 temporadas y la 2007 termina 8º, el mejor puesto de su historia.

2022 Campeón de 3ª RFEF. Y ascenso a 2ª RFEF.

S.D. COMPOSTELA

1961 C.S.

1961 C.A.

1962 S.D.C.

1980

1990

2004 C.S.

2007

2012

2021

HISTORIA

El 26 de Junio de 1962 nace la **Sociedad Deportiva Compostela**, fruto de la fusión del **Club Santiago** (constituido en Sociedad Deportiva) y el **Club Arenal**. La Plaza sería la del Club Arenal, que a partír de aquí pasaría a ser filial de la S.D. Compostela.

1963 Ascenso a 3ª División en su primera campaña. Santiago tiene por fin un equipo en Categoría Nacional,`el Compos.´

1977 Asciende a la nueva categoría 2ªB. Son años irregulares de la S.D. Compostela, entre 2ªB y 3ª sin llegar a dar el salto.

1988 Llega al Compos como presidente José María Caneda. En la temporada 1989-1990 de la mano del técnico Fernando Castro Santos, el Compostela Asciende a 2ªB. Solo una temporada después en 1991 tras superar la promoción de Ascenso, el compos se convierte en equipo de 2ª División.

1994 La S.D. Compostela es equipo de 1ª División. Con jugadores como Ohen, Abadía, Bellido, Lucas o Tocornal, en el Play-off de Ascenso/Permanencia, contra un Rayo Vallecano de Madrid, que estaba allí casi por accidente, comandado por el mítico Hugo Sánchez, 2-1 en la ida y en la vuelta obligan a un partido de desempate en Oviedo, en el que la S.D. Compostela no daría opción a los de la capital, 3-1 y el Compos a 1ª. Mas de 7000 compostelanos copaban las gradas del Carlos Tartiere, posiblemente se desplazó mas afición que la que siguió en San Lázaro al equipo durante la temporada. Fernando Castro Santos es elevado a la categoría de Héroe al llevar al equipo desde 3ª a 1ª.

1995-1996 SUBCAMPEÓN DE INVIERNO. Fernando Vázquez toma el relevo a Castro Santos, en una temporada mágica. En 1995 habría que buscar entre los abonados del Compos a un tal Santiago de Zebedeo, por que sin duda lo que hizo La S.D. Compostela ese año tuvo la ayuda del Apostol Santiago. En la primera vuelta le disputó el liderazgo a mamporros al Atlético de Madrid (no solo en el campo, en la sede de la liga también los hubo, a Jesús Gil no le resultaba cómodo `el camino´ al lado de Caneda). Fuera de broma, estamos hablando del mejor S.D. Compostela de la historia. Jugadores como Falagan, Mauro, Nacho, Villena, Lecumberri, J. Ramon, (O´Rey) Fabiano o Cristensen. Se recuerda el derbi S.D. Compostela 4-1 Deportivo, el empate 3-3 al Real Madrid en el Bernabéu o el 2-1 al Barça. 4 temporadas estaría en 1ª.

2004 Sufre un descenso Administrativo por las deudas y le obliga a una refundación, su denominación pasa a ser **S.D Campus Stellae**. En 2007 recupera su denominación y hasta sus trofeos embargados. Actualmente el equipo milita en 2ª RFEF y ha sido en 6 ocasiones Campeón de 3ª División.

CDLEGANÉS
Sentimiento Pepinero - SOÑANDO DESDE 1928 -

1928 C.D.O.

1946 C.D.L.

1954

1982

1987

1994

1996

1998

2009

2011

2014

HISTORIAL

Fundado el 23 de Junio de 1928, como **C.D. Once Leones**, su primera equipación azul grana. En 1946 ya conocido como **C.D. Leganés**, cambia sus colores por el verde y empiezan a ser conocidos como los `Pepineros´.

1954 El C.D. Leganés alcanza la Categoría Nacional. Este mismo año vuelve a cambiar los colores al actual blanquiazul.

1986 El C.D. Leganés se proclama Campeón de 3ª División y en 1987 debuta en 2ªB.

1993 Ascenso a 2ª División como Campeón de 2ªB, de la mano de Luis Ángel Duque, el 27 de Junio de 1993 tras vencer C.D. Leganes 3-0 Elche C.F. los Antonio, Vivar Dorado, May, Peces o M. Angel desatan la locura en Leganés. 11 temporadas permanecería el Lega en la Categoría de Plata. En aquellos años pasaron delanteras míticas como la que formaban Catanha y Samuel Etoo o Makukula y Puñal.

1998 Inauguración del nuevo Estadio de Butarque. En 2004 desciende a 2ªB y tras varias tentativas, en 2014 vuelve a retornar a 2ª División.

2016 ASCENSO A 1ª DIVISIÓN. El 4 de Julio de 2016 en la última jornada de Liga, el C.D. Leganés logra el Ascenso a la élite del fútbol español. Con gol de Pablo Insua en el C.D. Mirandés 0-1 C.D. Leganés. Todo ello de la mano del magnifico Asier Garitano, que obraba lo que para todo el mundo parecía imposible.

2016-2017 Su estreno en la máxima Categoría, no podía ser mejor, se imponía en Balaidos al Celta por 0-1 con gol de Victor Díaz. Cuatro años se codearía el Lega con los grandes.

2018 Semifinalista de la Copa del Rey. Tras eliminar al Real Madrid en el Bernabéu, el 31 de Enero de 2018 C.D. Leganés 1-1 Sevilla F.C., un gol de D. Siovas en el 56' hace soñar a Leganés con una final Pepinera, el 2-0 en Sevilla frustraría el sueño.

2019 Con Mauricio Peregrino en el banquillo el C.D. Leganés consigue su mejor clasificación en Liga 13º y record de puntos en la categoría con 45.

2020 Después de una mala dinámica de resultados, llega al banquillo Javier Aguirre, y en una temporada marcada por un cumulo de circunstancias desfavorables, el Lega acaba perdiendo la categoría por un solo gol en la última jornada de Liga. En 2021 tras quedar 3º juega el Play-off de ascenso contra el 6º clasificado Rayo Vallecano de Madrid, pierde por un inexplicable 1-5 y serían los madrileños los que acabarían subiendo. En 2022 una mala campaña dejó al Leganes muy lejos de donde por categoría le corresponde.

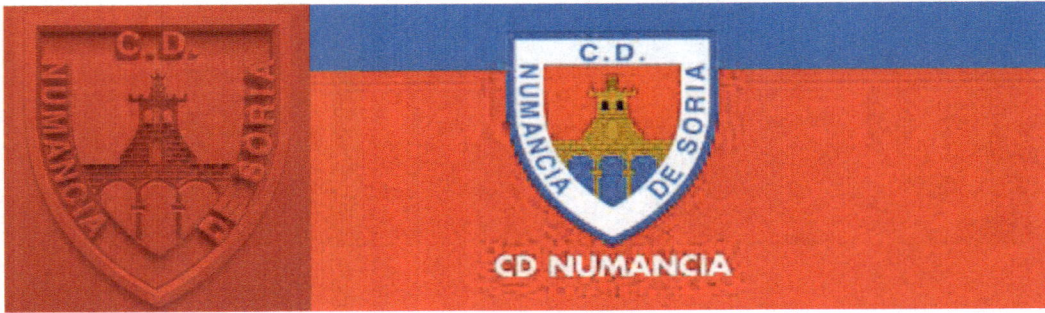

1945

1947

1950

1951

1978

1997

1998

1999

2009

2021

2021 2ª

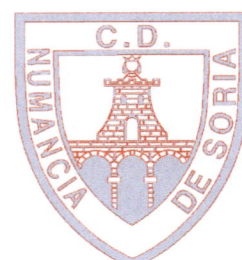

2021 3ª

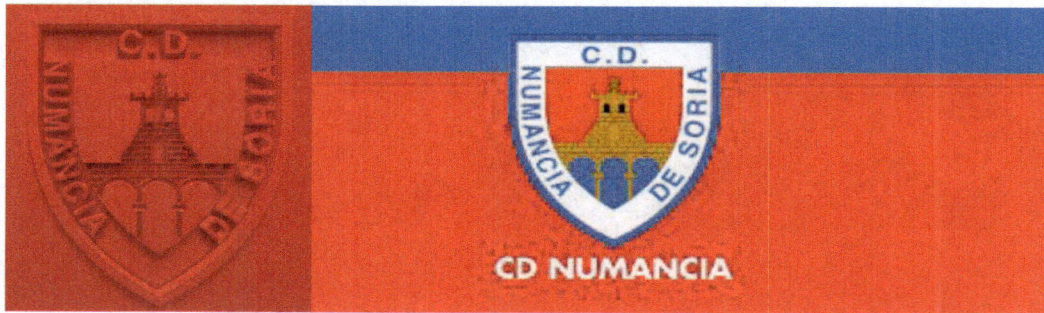

HISTORIA

Fundado el 9 de Abril de 1945. Se inscribe en la Federación Aragonesa de Fútbol.

1949 Solo 4 años después de su creación logra el Ascenso a 2ª División. Ascenso que se obtiene tras ganar C.D. Numancia 4-1 Erandio Club. Solo dos temporadas en 2ª y después vendría una grave crisis económica y deportiva.

1962, 1963 y 1966 Campeón de 3ª División. Después otra vez la crisis, con cambio de grupo con Riojanos y Navarros.

1989 Campeón de 3ª y Ascenso a 2ªB, a partir de aquí empiezan los años dorados del C.D. Numancia, en la que el club no pararía de crecer.

1993 Con la llegada al banquillo de Miguel Ángel Lotina, el Numancia viviría un idilio con la copa del Rey, eliminando a 3 históricos de 1ª División Real Sociedad, Racing de Santander y R. Sporting de Gijón. En ¼ de final contra el F.C. Barcelona, empataría 2-2 en Soria, para soñar en Barcelona adelantándose en el marcador, aunque en la 2ª mitad el Barça los bajaría de la nube con un 3-1 final. Pero sin duda aquel fue un punto de inflexión en el futuro del equipo soriano.

1997 El C.D. Numancia logra el ansiado Ascenso a 2ª División, este ascenso sería el de la consolidación de la categoría y el que le haría aspirar a todo.

1999 Ascenso a 1ª División. Tras vencer al Recreativo de Huelva por 3-0 el Numancia se convierte en equipo de la Liga de las Estrellas, por primera vez en su historia. Estaría dos temporadas entre los grandes. También ese mismo año Inaugura el Estadio de Los Pajaritos.

2004 Nuevo Ascenso a 1ª División, su vuelta a la élite duraría un año más, pero esta vez solo una temporada.

2008 CAMPEÓN DE 2ª DIVISIÓN. Logrando con ello el último Ascenso a 1ª División y sumando una temporada más. Ha estado un total de 4 temporadas en 1ª División.

2018 Play-off de Ascenso a 1ª División, eliminando en la primera eliminatoria al Real Zaragoza, pero no pudiendo superar en la Final al Real Valladolid. Desciende la temporada siguiente y con la división en 2 de la extinta 2ªB, queda encuadrado en 2ª RFEF.

2022 En la primera temporada de la nueva Categoría 2ª RFEF, el C.D. Numancia queda Campeón y Asciende a 1ª RFEF.

1886

1899

1914

1917

1929

1943

1947

1961

1986 CENTENARI

2001

2004

ACTUAL

HISTORIA

El 1 de Marzo de 1886, 12 jovenes tarraconenses en el Café Centro de Rambla Nova 56, fundan EL CLUB DEPORTIVO MAS ANTIGUO DE ESPAÑA, El **C.Gimnástic de Tarragona**. Su primer nombre **Club Gimnástico**, se debe a que su primera modalidad fue la gimnasia sueca.

1893 El Club Gimnástico crece y cambia su nombre a **C. Gimnástico de Tarragona**. Es una pena que la historia de este libro se ciña al futbol, por que el Club Gimnástic es grande no solo en fútbol. Con 14 marcas nacionales en atletismo, subcampeonatos de Hokey patines y exitos mas grandes aún en Pelota, Campeonas del Mundo de Gimnasia y más.

Pero vamos al fútbol.

En 1914 nace la sección futbol del Gimnástic de Tarragona. Su primer nombre **Club Gimnástico Sección Foot-Ball.**

1934 La sección futbol toma relevancia dentro del Gimnástic y cambia su nombre para tener su propia identidad, el equipo pasa a llamarse **Gimnástic F.C.**

1945 Campeón de 3ª División por primera vez en su historia, y ascenso a 2ª, no seria el único, este campeonato lo lograría también en 1955, 1961, 1966, 1972 y 1978.

1947 El **Nástic** es de 1ª . De la mano del técnico Pepe Nogués el Nástic consigue el subcampeonato de 2ª ascendiendo a 1ª. Allí permanecería hasta 1950.

1982 El club pasa a denominarse como actualmente, Club Gimnástic de Tarragona.

1997 El Nástic es Campeón de Grupo en 2ªB, a pesar de ello no consigue ascender a la Categoría de Plata.

2001 Ascenso a 2ª división, dura poco la alegría tan solo una temporada.

2004 En un nuevo ascenso a 2ª, esta vez el equipo encuentra el filin en la Categoría de Plata.

2006 Último ascenso a 1ª división hasta el momento del club mas antigüo de España. De la mano de Luis Cesar en el banquillo y con actuación estelar de Abel Buades y Jon Perez Bolo.

Tras medio siglo sin estar en la élite, la temporada 2006-2007 el Gimnástic de Tarragona juega su última temporada en 1ª. En 2014 el Fútbol cumple 100 años con el Nástic.

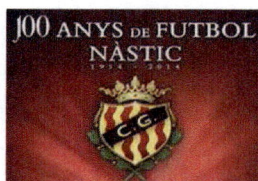

CD Alcoyano SAD
Desde 1928

1925

1927

1929

1941

1947

1957

1980

1995

1996

2005

2011

2022

HISTORIA

El 13 de Septiembre de 1928 Representantes de la liga local y jugadores del recientemente extinto **Alcoy F.C.**, se reunen para crear un nuevo Club, esa primera toma de contacto concluiría con la fusión de éstos con el que era el equipo más representativo de la localidad el **Boxing C.D. Alcoyano**. Surge así el **Club Deportivo Alcoyano**, y e 11 de Febrero de 1929 es inscrito en la federación Murciana de Fútbol.

1941 Subcampeón de España, en el Campeonato Regional Amateur, perdiendo la Final ante el C.D.Zaragoza.

1942 Ascenso a 2ª División. Tras ser Campeón Regional de Valencia. En 1944 Juega la Promoción de Ascenso a 1ª División, pero no consigue el Ascenso.

1945 CAMPEÓN DE 2ª DIVISIÓN Y ASCENSO A 1ª DIVISIÓN. Un año dura la hazaña alcoyana. Quedando 13º de 14 pierde la categoría. En Copa del Generalísimo logra llegar a ¼ de final, siendo su verdugo el Real Madrid en el Bernabéu.

1947 De nuevo Campeón de 2ª División y nuevo Ascenso a la élite.

1947-1948 La mejor temporada de su historia en 1ª División, acabando un punto por encima del Real Madrid. Dos temporadas más suma entre los grandes. La década de los 40s fue la edad de oro en la historia del club blanquiazul.

A partír de los años 50 y 60s descenso tras descenso acaba con el Alcoyano en categoría regional, toca fondo y en los 70 y 80s asciende hasta encontrar su sitio en la recién creada 2ªB.

2011 Vuelve a 2ª División 42 años después. Eliminando en los Play-off de Ascenso a Real Madrid Castilla, S.D. Eibar y C.D. Lugo, el Alcoyano vuelve al Fútbol Profesional. 2011-2012 no sería capaz de mantener la categoría y acabaría descendiendo a 2ªB.

12 temporadas en 2ª División y 4 temporadas en 1ª son las que ha militado el C.D. Alcoyano en el fútbol profesional.

Una frase acompaña desde siempre a este equipo, ``Tienes mas moral que el Alcoyano´´. Y es que, en Acoi (Alcoy) todo el mundo sabe que, estén las cosas como estén, hay que creer en el C.D. Alcoyano. Así el 20 de Enero de 2021 visitaba El Collao nada manos que el R. Madrid en Copa del Rey. En el 45' Militao ponia el 0-1 para el R. Madrid, en la recta final del partido, en el 81' empata Solves, el partido va a la prorroga, y en 2 faltas consecutivas Ramón López deja al Alcoyano con 10 en el 109', pero la gente sigue creyendo y empujando al equipo, hasta que en el 115' Juanan rompe con su gol la eliminatoria y deja el definitivo C.D. Alcoyano 2-1 R. madrid, en un día memorable para el Alcoyano.

Real Unión Club

| 1915 | 1926 | 1931 | 1932 |

| 1935 | 1941 | 1942 | 1947 |

| 1955 | 1968 | 2002 | ACTUAL |

2015   CENTENARIO   IRUN SPORTING C. 1907   RACING CLUB 1908

HISTORIA

1902 Nace el **Irún Foot-Ball Club** en 1907 cambia su nombre por Irún **Sporting Club**

1908 Nace el **Racing Club de Irún**.

El 29 de Abril de 1913 en la Final de la Copa de SM el Rey Alfonso XIII, con el resultado de Racing Club de Irún 1-0 Athletic Club, con gol de Retegui, el Racing Club se proclama CAMPEÓN DE COPA DE ESPAÑA.

1915 Pese a la tremenda rivalidad entre los dos clubs, en 1915 se unen, y de esta unión nace la **Unión Club**, también este mismo año SM el Rey Alfonso XIII le concede el título de Real. Así el 15 de Mayo de 1915 se funda el **Real Unión de Irún**, fruto de la fusión de los dos clubes.

1918 CAMPEÓN DE COPA DEL REY. El 18 de Mayo de 1918 en un partido en el cual no le dieron ninguna posibilidad al Real Madrid, tras el Real Unión 2-0 Real Madrid, con goles de Legarreta, el Real Unión se proclama Campeón de Copa, por segundo año en su historia. O primero como Real Unión.

1922 Subcampeón de Copa, tras eliminar al Real Madrid en la semifinal, un fuerte Barça frustraría su triplete o doblete, según se mire.

1924 Llega la segunda, tercera Copa. En una copa impecable, sin concesiones, con una semifinal espectacular en la que se impone en el segundo partido por 6-1 al F.C. Barcelona, se enfrentaría y vencería en la final al Real Madrid, para volver a ser CAMPEÓN DE COPA DEL REY.

1927 Triplete o Póker. El 8 de Mayo de 1927 en un derbi Vasco de alto nivel, en un partido en el que claramente las defensas ganarían a los ataques, no sería hasta el penúltimo minuto del tiempo extra, cuando Echeveste rompe las tablas para el definitivo Real Unión 1-0 Arenas de Getxo. El Real Unión Club se haría con su tercera COPA DEL REY.

1929 El Real Unión Club es uno de los fundadores del primer Campeonato Nacional de Liga de 1ª División.

Desde aquellos inicios, en el que el Real Unión era no sólo uno de los mejores equipos de Euskadi, sino también de los mejores de toda España, no sería hasta este siglo cuando llegaría una nueva alegría.

2015 Campeón de Copa Federación. En una Final a doble partido, en el que el Real Unión Club nos hizo viajar en el tiempo, hasta sus grandes hazañas, con los resultados del partido de ida C.D. Castellón 0-1 Real Unión y una vuelta espectacular Real Unión 3-0 C.D. Castellón.

 RealJaénCF

1907 J.F.C.

1922 J.C.F.

1929 O.J.

1935 O.J.

1939 O.J.

1940 O.J.

1945

1947

1949

1950

1952

1960

1967

1973

1978

1984

1988

1997

2009

HISTORIA

En el año 1907 un grupo de comerciantes ingleses impulsan la creación de la simiente del Real Jaén, el equipo en cuestión sería el **Jaén Foot-Ball Club**. 1922 El desgaste del primigenio Jaén era evidente, no teniendo constancia de partidos oficiales desde hacía once años, aunque seguía disputando encuentros amistosos. En ayuda del agónico equipo sale D. José Cos Serrano que, con una estimable ayuda economica y terrateniente, impulsa la fundación del nuevo **Jaén F.C.** como base el Jaén F-B.C.

1923 S.M. el Rey Alfonso XIII concede al Jaén F.C. el título de Real. Entonces pasa a ser **Real Jaén F.C.** Esto, sin embargo, no cala entre todos sus componentes, de ideas más republicanas... la dichosa política, ya saben.

1929 El Once Rojo. Eso de ser Real siendo Republicano, como que no encajaba mucho en el espíritu del club. Así que con esta premisa y teniendo una buena escusa, la de formar una Sociedad que agrupe más deportes, el R. Jaén F.C. pasa a constituirse como si fuera una sociedad distinta, su nombre **Sociedad Olímpica Jiennense**. La camiseta pasará a ser roja, y el pantalón azul... curioso.

1941 La Olímpica consigue su primer título, la Copa Presidente de la Federación Sur. 1942 la Olímpica Jiennense se proclama Campeón Regional de la Federación Sur.

1943 La Sociedad ascendente sube como la espuma. Este año la Olímpica Jiennense asciende a 2ª División Española. 16 Serían las temporadas en 2ª División la mayoría como R. Jaén.

1944 Se inaugura el Estadio de La Victoria. La Olímpica Jiennense tiene un Estadio 4 estrellas para intentar el ascenso que en 1946 está a punto de conseguir.

El 7 de Septiembre de 1947 se recupera el nombre de **Real Jaén C.F.**

El día 17 de Junio de 1952 el Real Jaén C.F. se proclama Campeón de la Copa RFEF, tras vencer R. Jaén C.F. 3-1 C. At. Osasuna.

1953 Este año conseguiría ser Campeón de 2ª División y el ansiado Ascenso a 1ª. El Real Jaén C.F. es de 1ª División. Tres años en su historia le contemplan en 1ª.

1956 Campeón de 2ª división y segundo Ascenso a 1ª, esta vez sería para quedarse un año más. Esta fue la última aparición por las altas esferas del futbol español.

El 15 de Abríl de 2009, en Estadio de Vallecas y con una eliminatoria encarrilada en Jaén para los Vallecanos, el Real Jaén se impone por un contundente Rayo Vallecano B 1-4 R. Jaén para proclamarse Campeón de la Copa Federación.

CFEXTREMADURA

1924 E.F.C.

1941 E.C.F.

1950

1954

1963 C.F.E.

1973

1987

1994-2009

1986 A.S.J.

2007 E.U.D.

2015

1917

2021

2022 C.D.E.

CFEXTREMADURA

HISTORIA C.F. EXTREMADURA

En 1924 nace el **Extremadura F.C. de Almendralejo**, el conjunto azulgrana no participó en Categoría Nacional hasta 1952 ya como **C.F. Extremadura**, desde 1941.

1954 El C.F. Extremadura Asciende a 2ª División, allí permanecería hasta 1961. A partír de aquí 35 años en 3ª División.

1990 fue el año del renacimiento del club extremeño, con su Ascenso a 2ªB, en las siguientes 4 temporadas, promociona para ascender en 2 ocasiones, hasta que en 1994 logra Ascender de nuevo a 2ª División, siendo la imbatibilidad en toda la liguilla, la clave del ascenso.

1996 EL CLUB DE FÚTBOL EXTREMADURA ES DE 1ª DIVISIÓN. Un 5º puesto en Liga le es suficiente para jugar la promoción de ascenso, ya que el Real Madrid Castilla no podía jugarlo. En esta promoción con un global de Albacete Balompié 0-2 C.F. Extremadura, El golazo de falta de Tirado en el descuento en el Carlos Belmonte, certificó el ascenso. Los de Almendralejo, se convierten por primera vez en su historia en equipo de 1ª División.

1996-1997 De la mano de Josu Ortuondo el debút en liga comienza con una primera vuelta nefasta, ganando tan solo 3 partidos y perdiendo los 7 primeros, el C.F. Extremadura 2-1 Real Zaragoza, fue la primera victoria de los de Almendralejo en 1ª, sin embargo con los refuerzos de Walter Silvani, Basualdo y ``el mono´´ Montoya, resurgiría con numeros de champions en la segunda vuelta hasta conseguir 44 puntos, pero la primera vuelta fue demasiado lastre y bajó.

1998 Regreso a la Élite de 1ª División. Esta vez Rafa Benitez es el que Asciende al C.F. Extremadura. Igor Gluscevic con 24 fue el maximo artifice del Ascenso directo. En el segundo año en 1ª, el Extremadura jugaría la promoción de descenso contra el Rayo Vallecano que venía de 2ª, los madrileños se acabarían imponiendo por 0-4 en la eliminatoria.

2000 Esta temporada después de dominar toda la Liga, a última hora se desfondó y no subió, el siguiente año sería el ultimo año tranquilo para el Extremadura, a partir de aquí todo va de mal en peor. 2002 Desciende a 2ªB, en 2007 desciende a 3ª, seis meses después es descendido a Prefernte por las deudas. Desaparece en 2010.

2007 Se funda el **Extremadura U.D.**, y en 2010 el C.F. Extremadura desciende a 1ª Regional, así el ayuntamiento de Almendralejo, como máximo accionista da por finalizada su existencia. Con la afición del C.F. Extremadura dividida , el que había sido desde 1986 **Atlético San José**, se convierte en Agosto de 2007 en Extremadura U.D. en 2009 Asciende a 3ª División, en 2010 a 2ªB, en 2018 Asciende a 2ª División, en la que juega 2 temporadas. El 28 de febrero de 2022 acuciado por las deudas, desaparece también el Extremadura U.D. El 22 de Junio de 2022 nace el nuevo **C.D. Extremadura 1924**, a dia de hoy pendiente de la plaza en Segunda RFEF.

C.P.MERIDA

1921 E.C.

1930 S.D.E.

1939

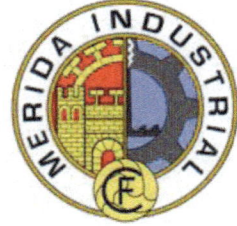

1966 M.I.

1985 C.P.M.

1995

1989 U.D.A.

1990 M.P.

1992

1995 C.P.P.

2001 U.D.M.

2003

2005

2013 A.D.

ACTUAL

C.P.MERIDA

HISTORIA

El **28 de Diciembre de 1912** se funda la **Sportiva Emeritense**, esta fecha es la que el C.P. Mérida toma como año de fundación, sin embargo, este equipo desaparecería poco después sin solución de continuidad. En 1919 un destacamento militar, formado en su mayoría por catalanes, funda el **Club Catalanes**, este club si se puede considerar el germen del equipo blanquinegro. 1921 la sección de fútbol del Club Catalanes se refunda como **Emérita Club**. En 1930 se produce otra reestructuración del club y pasa a ser **Sociedad Deportiva Emérita**.

1933 Emérita se proclama Campeón Regional de Extremadura.

1939 Clubes de la zona refuerzan un mermado Mérida después de la guerra civil y en su resurgir cambia el nombre a **Sociedad Deportiva Emeritense**.

1943 Debut en Categoría Nacional, pero este debut sería efímero de solo 3 años. Regresa en 1949 a 3ª División. En 1957 fue Campeón de 3ª División, pero sin el premio del ascenso.

El **26 de Abril de 1966** se renombra el Club a **Mérida Industrial C.F.**

1980 Campeón de 3ª División y Asciende a 2ªB. Un solo año le duró su estancia en esta categoría. En 1985 se renombra de nuevo por el definitivo **Club Polideportivo Mérida**. En 1989 recupera la Categoría volviendo a salir Campeón de 3ª División.

1991 Después de quedar 4º clasificado, se mete en la Liguilla de Ascenso y Asciende a 2ª División por primera vez en su historia.

1995 Bajo las órdenes del técnico Sergio Kresic, el C.P.MÉRIDA SE PROCLAMA CAMPEÓN DE 2ª Y ASCIENDE A 1ª DIVISIÓN y se convierte en el primer equipo de Extremadura en jugar en primera. 1995-1996 Remodelación y reinauguración del Estadio Romano José Fouto, para ponerse de gala en la Liga de las Estrellas. David Pirri y Sinval son de lo más destacable de un C.P. que acabaría perdiendo la categoría en su primera temporada. 1997 Jorge D' Alessandro coge los mandos de la nave en Febrero tras la destitución de Sergio Kresic y se proclama Campeón de 2ª nuevamente y sube a 1ª por segunda vez. 1997-1998 Para la segunda temporada en 1ª, se reforzó con Leo Biagini, Juan Sabas, Leo Franco, D. Rádchenko entre otros. Un buen papel en Copa llegando a ¼ de final, pero en Liga otro descenso.

En lo deportivo el club no estaba mal, pero fue descendido administrativamente y el 1 de Septiembre de 2000 el C.P. Mérida desaparece y toma su puesto el **Mérida Promesas**, desvinculado el 31 de Agosto de 2000 y pasa a ser **U.D. Mérida**, esta sociedad sería disuelta el 8 de Marzo de 2013, por el mismo motivo, no afrontar las deudas. En 2013 mediante subasta judicial, adquiere la plaza federativa en 3ª División el **Mérida A.D.**

2022 Mérida A.D. actualmente compite en 1ª RFEF. Trato de ser lo más neutro posible, pero parece una forma poco lícita de librar la deuda y que el Mérida nunca ha dejado de ser el Mérida.

 # U.E.LLEIDA

1936 LL.B

1940

1946

1942 C.D.L.

1947 U.D.L.

1951

1954

1957

1968

1972

1977 U.E.LL

1994

2008

2011 LL.E.

U.E. LLEIDA

HISTORIA

El 22 de Abril de 1936 la Asociación de Exalumnos de Maristas, la A.E. Lleida Calaveres y Lleida S.C. fundan el **Lérida Balompié-A.E.M**. 1941 tras la guerra civil sería conocido como **Lérida Balompié**. 1941 Nacía el **Club Deportivo Leridano**.

1947. El 9 de Marzo de 1947 Se funda la **Unión Deportiva Lérida**, tras el acuerdo de fusión entre el Lérida Balompié y el C.D. Leridano. 1949 Campeón de 3ª División y Ascenso a 2ª División. En la temporada 1949-50 su objetivo era la permanencia, pero nada más lejos, termina la temporada 2º y accede a la Liguilla de Ascenso a 1ª División, contra todo pronóstico el U.D. Lérida 4-1 Real Murcia deja a los ilerdenses en 1ª DIVISIÓN, sorprendiendo a propios y extraños.

1950 Primer año en 1ª División. El ascender dos años seguidos no le sentó muy bien, en 1ª División se mostró como un equipo de un peldaño inferior y encajó varias goleadas, acabando en última posición y descendiendo esa misma temporada. 1954 Su tercer puesto en 2ª División le deja a las puertas de un nuevo ascenso, que por la irregularidad del último tramo de liga, se queda sin recompensa. A partir de aquí es clara la cuesta abajo y en 1957 desciende a 3ª División.

1977 Cambia el nombre en castellano al actual en catalán, pasa a ser **U.E. Lleida**. Consigue meterse en la recién creada 2ªB gracias a quedar entre los 10 primeros de su grupo de 3ª.

1987 Regreso a 2ª División, permanecería 2 años en la categoría de plata. Al equipo llega el técnico J.M. Esnal `` Mané´´, que no puede hacer nada para evitar el descenso, pero el Lleida le da confianza al proyecto de Mané. 1990 El proyecto Mané cosecha sus primeros frutos y el Lleida sube a 2ª División. Dos temporadas en la parte alta de la tabla y a la tercera va la vencida.

El 5 de Junio de 1993 el proyecto Mané es una realidad y la U.E. Lleida REGRESA A 1ª DIVISIÓN, Mauro Ravnic logra el trofeo Zamora de 2ª División. 1993-1994 Renovación integral del Camp d´Esports de Lleida y también de la plantilla para 1ª División. El rendimiento de los fichajes no fue el esperado y acabó penúltimo y descendiendo. Pero dos sorpresas importantes si nos dejaría, el 21-11-93 en el Camp Nou F.C. Barcelona 0-1 U.E. Lleida y el U.E. Lleida 2-1 R. Madrid del 6-3-1994. Al año siguiente pierde la promoción de Ascenso 4-5 Frente al Sporting. 2001 Desciende a 2ªB, y retoma la 2ª División 2 años más en 2004. En 2011 el equipo se declara en concurso de acreedores y desaparece al no presentar viabilidad. Su plaza en 2ªB es subastada.

A título de curiosidad un grupo de accionistas gana la subasta y funda en 2011 el Club **Lleida Esportiu**, que actualmente milita en 2ª RFEF.

XEREZ CD | DESDE **1947**

1942 C.D.J.

1947 J.C.D.

1963 X.C.D.

1988

2005

2020

2013 X.D.FC

2018

HISTORIA

El 4 de Junio de 1942 Se funda el **Club Deportivo Jerez**, con carácter de filial del Jerez C.F. Después de la desaparición del Jerez C.F., el 24 de Septiembre de 1947 se refunda el club, con el nombre de **Jerez C.D.** El 21 de Agosto de 1963 cambia su nombre por **Xerez C.D.**, 1947 es la fecha que el Club toma como su verdadera fundación.

1953 Campeón de 3ª División, también lo lograría en 1960, 1965, 1967 y 1971, Todos excepto 1960 y 1965 acabarían en Ascenso a segunada división. En 1982 y 1986 fue Campeón de 2ª B. Un total de 24 temporadas en 2ª División ha logrado permanecer el Xerez C.D. 1958 El primer derbi Jerezano, entre Jerez C.D. -Jerez Industrial.

El 28 de Junio de 1988 se Inaugura el Estadio de Chapín. No sería hasta la llegada del nuevo siglo, donde el Xerez se hace un equipo grande, en 2001 Asciende a 2ª Division y consigue asentarse y crecer con cada año en el categoría de plata, después de seis temporadas rondando el ascenso, la 7º queda 15º y parece que se desvanece, pero en la octava...

2009 EL XEREZ C.D. ES CAMPEÓN DE 2ª DIVISIÓN Y ASCIENDE A 1ª DIVISIÓN. El artifice y director de orquesta Esteban Vigo, en su segunda etapa como entrenador del Xerez, lleva al equipo entre los grandes. 2009-2010 Jose Angel ``Cuco´´ Ziganda es el elegido para dirigír al Xerez en 1ª, pero los malos resultados hacen que sea Gorosito el elegido para intentar salvar al Xerez, y los resultados llegan, pero Gorosito y el Xerez se quedan sin tiempo y desciende a 2ª.

2011 Tres temporadas mas en 2ª División estaría el Xerez C.D., pero en 2013 el descenso deportivo es acompañado por un descenso administrativo y el Xerez acaba en 3ª División y sumido en una profunda crisis economica, deportiva e institucional.

2013 Se funda el **Xerez Deportivo F.C.** esperando la inminente desaparición del C.D. 2014 Para mayor fatalidad el Xerez C.D. ese año también acaba descendiendo y sale de Categoría Nacional a Regional, pero no está muerto el que sigue peleando. 2017 Recupera la 3ª División, donde milita actualmente.

2022 Su nuevo rival Xerez Deportivo F.C. cada dia es mas fuerte, milita en 2ª RFEF, pero esa es otra historia.

C.D.CONDAL

1934 L.A.I.

1936

1941

1956 C.D.C.

1957

1960

1965

1967

1965 A.C.

1967 B.AT.

1993 B.B.

2002

C.D.CONDAL

HISTORIA

El 1 de Agosto de 1934 en el barrio Barcelonés de Hostafrancs se funda la **Sección Deportiva La España Industrial**.

1943 El presidente de la Sociedad, que lo fuera también del C.F. Barcelona, firma con éstos un acuerdo de Filición. Ese acuerdo poco después les pasará factura.

1947 **S.D. La España Industrial** entra en Categoría Nacional, pero esta primera toma de contacto sería efímera, tan solo por una temporada.

1950 Vuelve a Categoría Nacional y una año después sería Campeón de 3ª División en 1952 con Ascenso a 2ª División.

1953 Consigue el Subcampeonato de 2ª División y en la Liguilla de Ascenso logra su objetivo, pero según la legislación vigente, el acuerdo de Filiación con el C.F. Barcelona frustra lo que pudo ser su primara temporada en 1ª División. Este mismo año se rompe el acuerdo, a la espera de que se repita dicho ascenso. El mejor equipo de la historia de La España Industrial, comandados por el mítico Luis Suarez, se quedó sin ascenso.

1956 El tercér puesto en Liga hace jugar la Liguilla de Ascenso, esta vez son 1º y no solo roto el acuerdo de filiación, si no que además en asamblea extraordinaria se decide un cambio de identidad, el Club pasa a ser **C.D. Condal** y ASCIENDE A 1ª DIVISIÓN.

1956-1957 Entre los grandes. Un jovencísimo C.D. Condal, se muestra fuerte en casa en 1ª División, sin embargo, débil fuera de Les Corts que tan solo consigue ganar en Zaragoza, insuficiente para mantener la categoría y retorna a 2ª División. Ostenta sin embargo 2 Récords en 1ª División, es el equipo que menos partidos ha perdido 15 y el que menos goles ha recibido en la historia de 1ª solo 57.

1959 Tanto la temporada anterior como esta, se queda cerca de ascender a 1ª División, las dos restantes serán otra historia y en 1961 desciende a 3ª. En 1965 y 1968 será Campeón de 3ª, y de 1965 a 1967, estará 2 temporadas más en 2ª para completar 10 en la Categoría de Plata.

1970 Se fusiona con el **Atlético Cataluña** y vuelve a ser filial del F.C. Barcelona, el nuevo Club pasa a llamarse **Barcelona Atlético**, actual **F.C. Barcelona B.**

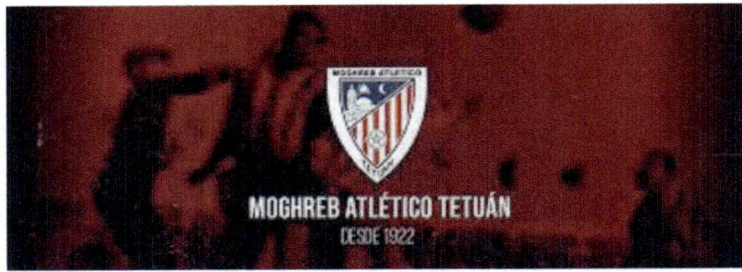
MOGHREB ATLÉTICO TETUÁN
DESDE 1922

MOGHREB ATLETICO
TETUAN
CENTENARIO
1922 - 2022

1922 C.F.S.T.

1922 F.C.H.M.

1922

1933

1941

1946

1949

1951

1953

1956

1960

1981

1991

2012

2022 CENTENARIO

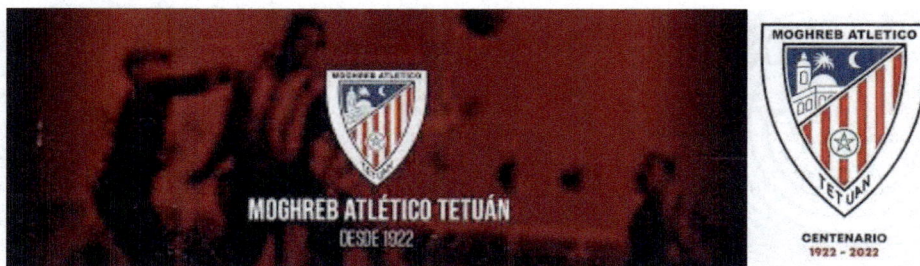

HISTORIA

El 12 de Marzo de 1922 nace la **Unión Deportiva Moghreb** de Tetuán formado por jugadores nacidos en Marruecos, aficionados al Athetic Club.

1933 El **C.F. Tetuán** y El **F.C. Hispano Marroquí** se fusionan con la U.D. Moghreb dando lugar al **Athetic Club de Tetuán**.

1951 El **Atlético Tetuán**, ya con esta denominación, se proclama Campeón de 2ª División Grupo ll y Asciende a 1ª. Ocupando un lugar para la posteridad en la 1ª Histórica.

1952 La temporada 1951-1952 en 1ª División acabó con 7 partidos ganados y 5 empates. Lo que no fue suficiente para quedarse en 1ª División. El 3 de Septiembre de 1951 el C. Atlético de Tetuán gana su primer encuentro en 1ª por 2-1 al Celta de Vigo. Se le daban bien los equipos gallegos, ya que la segunda victoria fue contra el R.C. Deportivo 2-3. La más recordada sería la goleada por At. Tetuán 4-1 At. Madrid, con la consagración de Chincha el delantero marroquí. Sin embargo, sería Julián García Nieto el máximo goleador del equipo, en el partido del 20 de Enero de 1952, At. Tetuán 5-1 Racing de Santander, mayor goleada en 1ª del equipo, Julián marcó 4 de los 5 goles. Cabe destacar sin embargo por encima de todos, la actuación de Moreno, Juan Moreno contribuyo con sus asistencias y sus goles a mantener las esperanzas hasta las últimas jornadas.

1956 Tras la independencia del protectorado de España, el club sufre una división, por un lado la parte Española forma el **Club Atlético Ceuta** y la parte Marroquí forma en **Tetuán Moghreb** Atlético Tetuán, recuperando su nombre original.

1957 El Club Atlético Ceuta hereda los derechos federativos españoles en la ciudad de Ceuta y con ello la plaza en 2ª División.

1961 El Moghreb Atlético se inscribe en la Federación Marroquí de fútbol. Este Club se queda con los colores y el estadio, así como la parte de la historia que nos ocupa.

2022. Centenario del Club que actualmente juega en la liga Marroquí.

CULTURAL Y
DEPORTIVA LEONESA

CENTENARIO
1923 - 2023

1923

1925

1928

1931

1940

1954

2001

2011

2013

2018

CULTURAL Y DEPORTIVA LEONESA

HISTORIA

El 5 de Agosto de 1923 da comienzo la historia de Foot-Ball de la **Cultural y Deportiva Leonesa**. Un Club que nace en 1922 como actividad lúdico cultural, que alterna el deporte, con las visitas a la provincia de León, para dar a conocer la riqueza de su entorno e incorpora el fútbol como actividad deportiva.

1928 La Cultu queda encuadrada en 3ª División al inicio del Campeonato Nacional de Liga, esa misma temporada Asciende a 2ª División, permanece allí hasta 1931, este año debido a las dificultades economicas la Cultural deja de competír, sin llegar a desaparecer, volverá a competír en 1935. La guerra pararía la actividad del Club.

1942 Asciende de nuevo a 2ª División. Tres años más en la categoría de plata. 1947 Se destapa un presunto amaño entre Albacete y Cultural, que dajaría tocado de muerte al Club, tocaba reconstruir el proyecto.

1950 La restructuración del club incluye una sociedad de filiación con el segundo club de León, desde entonces el Jupiter Leonés, con el que coincidiera en derbis Leoneses en 3ª División, pasaría a ser su filial.

1952 Asciende otra vez a 2ª División, pero este no sería un ascenso más.

1955 LA CULTURAL Y DEPORTIVA LEONESA SE CONVIERTE EN EQUIPO DE 1ª DIVISÓN, al quedar Campeón de 2ª División.

1955-1956 Temporada en 1ª División. Su temporada entre los grandes se salda solo con 5 victorias, siendo el Cultural D. Leonesa 3-0 Valencia C.F. la más destacada. El dato negativo de la temporada de la Cultu en 1ª es que es el último clasificado en la Clasificación Historica de 1ª con tan solo 14 puntos. El dato positivo es que es el único equipo en la historia de 1ª división que jamás ha visto una tarjeta Roja. Tras descender a 2ª La Cultural entra en una profunda crisis, descendiendo hasta 3ª división.

1970 Recupera la 2ª División, otros 2 años en segunda y la caida durará hasta casi el nuevo siglo.

2001 Inauguración del Reino de León. Actuación estelar en Copa del Rey, llegando a ¼ de final eliminando a tres 1ª, Albacete, Racing y Rayo, al siguiente año. 2013 La Aspair Academi Qatarí se hace con las riendas de la Cultural y en 2017 el equipo asciende a 2ª División.

2020 El 23 de Enero de 2020 en Copa del Rey, la Cultural elimina al Atlético de Madrid, tras imponerse por 2-1 en el Reino de León, remontando el gol inicial de Correa, Castañeda 82' y Sergio Benito en el 106', le dan la última gran alegría a la Cultu. Actualmente la Cultural Leonesa comenzará la 2022-2023 en 1ª RFEF.

SDHUESCA

Fieles siempre, sin reblar

| 1910 H.F.C. | 1928 C.D.H. | 1929 C.D.E. | 1943 U.D.H. | 1946 U.D.H. |

| 1960 S.D.H. | 1990 | 2008 | 2015 |

HISTORIA

En 1910 de la fusión del Stadium de Huesca y el Atlético Huesca S.C. nace el **Huesca F.C.** Desde éste momento se acuña La Filosofía del Huesca `sin reblar´ o siempre hacia delante, ni un paso atrás. 1924 en un Huesca F.C. - C.D. Zaragoza, la afición oscense arremete contra los maños y la Federación expulsa al Huesca F.C. de todas las compertciones.

1928 La federación devuelve la licencia a los jugadores del Huesca F.C. para que puedan rehacer su vida deportiva, así nace el **C.D. Huesca**, este llegó a jugar una Final del Campeonato de España amateur en 1932. 1943 El C.D. Huesca se fusiona con el **C.D. Español de Huesca**, fruto de esta unión se crea la **U.D. Huesca**. Este año la U.D. Huesca se proclama Campeón de Aragón. 1950 Asciende a 2ª División, con jugadores como Moreno, el mítico jugador que fuera del F.C. Barcelona. En 1956 desaparecería agobiado por las deudas. Cuatro años mas tarde…

El 29 de Marzo de 1960 se funda la **S.D. Huesca**, Asciende en su primera temporada a 3ª donde permanecería 12 campañas. 1972 se Inaugura El Alcoraz. En 1978 asciende a 2ªB, donde permaneció 7 temporadas. 2008 Asciende a 2ª División.

2018 Asciende a 1ª División por primera vez en su historia, a falta de una jornada tras imponerse 0-2 al C.D. Lugo. Ha sido 6 veces Campeón de 3ª División, 1 de 2ªB y en 2020 CAMPEÓN DE 2ª DIVISIÓN Y ASCENSO A 1ª DIVISIÓN, su segunda temporada entre los grandes. De la mano de Miguel Angel Sanchez ``Michel´´, ganando 3-0 al Numancia y 0-1 al Sporting, recorta los 5 puntos que le sacaba el Cadiz, para salír Campeón de 2ª y jugar la segunda temporada y última hasta el momento en 1ª. 2022-23 Empezará la temporada en 2ª División.

R.MURCIA F.C. MURCIA	REAL SPORTING GIJON GIJON	HERCULES C.F. ALICANTE	C.D.TENERIFE SANTA CRUZ	ELCHE C.F. ELCHE	R.C.RECREATIVO DE HUELVA	RCVO.DE HUELVA HUELVA	ONUBA C.F. HUELVA
A.D.RAYO VALLECANO MADRID	RAYO VALLECANO DE MADRID	LEVANTE U.D. VALENCIA	CENTRO DEP.SABADELL SABADELL	CENTRO DE DEPORTES SABADELL	DEPORTIVO ALAVES VITORIA	CORDOBA C.F. CORDOBA	C.D.CASTELLON CASTELLÓN
R.VALLADOLID C.F. (IV) VALLADOLID	CADIZ C.F. CADIZ	MIRANDILLA C.F. CADIZ	R.C.DEPORTIVO LA CORUÑA	U.D. LAS PALMAS LAS PALMAS DE G.C.	R.C.D.MALLORCA PALMA DE MALLORCA	U.D. SALAMANCA SALAMANCA	REAL OVIEDO C.F. OVIEDO
REAL C.CELTA VIGO	CASTILLA C.F. MADRID	R.MADRID CASTILLA C.F. MADRID	C.ATLETICO OSASUNA PAMPLONA	R.RACING SANTANDER SANTANDER	S.D.EIBAR EIBAR	R.BETIS BALOMPIÉ SEVILLA	JEREZ C.D. JEREZ DE LA FRONTERA
XEREZ C.D. JEREZ DE LA FRONTERA	C.D.MALAGA MALAGA	RACING CLUB DE FERROL	GRANADA C.F. GRANADA	C.RECREATIVO GRANADA	C.D.NUMANCIA SORIA	ALBACETE BALOMPIE ALBACETE	U.D. LERIDA LLEIDA
U.E. LLEIDA LLEIDA	BARCELONA ATLETICO BARCELONA	F.C. BARCELONA "B" BARCELONA	C.GIMNASTIC TARRAGONA	GERONA C.F. GERONA	GIRONA F.C. GERONA	REAL ZARAGOZA ZARAGOZA	C.D.BADAJOZ BADAJOZ
BARACALDO C.F. BARAKALDO	C.D.LOGROÑO LOGROÑO	C.D.LOGROÑES LOGROÑO	C.D.LEGANES LEGANES	C.D.MESTALLA VALENCIA	VALENCIA-MESTALLA VALENCIA	U.D.ALMERIA ALMERIA	BURGOS C.F.1922 BURGOS

REAL SOCIEDAD DE SAN SEBASTIAN	REAL JAEN C.F. JAEN	EXTREMADURA C.F. ALMENDRALEJO	SESTAO SPORT CLUB SESTAO	CLUB SESTAO SERTAO	BILBAO ATHLETIC BILBAO	BILBAO ATHLETICO BILBAO	SEVILLA F.C. SEVILLA
TERRASSA F.C. TERRASSA	VILLARREAL C.F. VILLA-REAL	C. ATLETICO MADRID MADRID	C.D.OURENSE ORENSE	A.D.ALCORCON ALCORCON	A.D.ALCORCON (II) ALCORCON	CULTU. Y DEP. LEONESA LEON	C.D.SAN ANDRES BARCELONA
U.E.SANT ANDREU BARCELONA	S.D.INDAUTXU BILBAO	S.D. HUESCA HUESCA	C.D. ALCOYANO ALCOI	CARTAGENA F.C. CARTAGENA	C.P.MERIDA MERIDA	C.D. CALVO SOTELO PUERTOLLANO	C.F. CALVO SOTELO PUERTOLLANO
C.POLIDEPORTIVO EJIDO EL EJIDO	C.D.TOLEDO TOLEDO	GETAFE C.F. GETAFE	S.D. COMPOSTELA SANTIAGO	C.ATCO CEUTA CEUTA	PONTEVEDRA F.C. PONTEVEDRA	REAL AVILES C.F. AVILES	STADIUM AVILESINO AVILES
R. AVILES INDUSTRIAL AVILES	C.D.CONDAL BARCELONA	S.D.LA ESPAÑA INDL. BARCELONA	S.D. PONFERRADINA PONFERRADA	C,D.LUGO LUGO	C.D.LUGO (II) LUGO	C.F. BADALONA BADALONA	C.D.SAN FERNANDO SAN FERNANDO
U.E.FIGUERES FIGUERAS	C.F.CIUDAD DE MURCIA MURCIA	GRANADA 74 C.F. MOTRIL	ALGECIRAS C.F. ALGECIRAS	C.D.MIRANDES MIRANDA DE EBRO	C.D.CONSTANCIA INCA	C. ATLETICO MADRID B MADRID	REAL C.D.CORDOBA CORDOBA
RACING DE CORDOBA CORDOBA	UNION POPULAR LANGREO	CAUDAL DEPORTIVO MIERES	PALAMOS C.F. PALAMOS	MALAGA C.F. MALAGA	C.D.TORRELAVEGA TORRELAVEGA	R.S.GIMNASTICA DE TORRELAVEGA	R.S.GIM.DE TORRELAVEGA

C.GETAFE DEPORTIVO GETAFE	R.C.D.ESPAÑOL BARCELONA	R.C.D.ESPANYOL BARCELONA	REAL UNION CLUB IRUN	C.ATCO TETUAN TETUAN	C.D.BASKONIA BASAURI	VILLARREAL C.F. "B" VILA-REAL	XEREZ F.C. JEREZ DE LA FRONTERA
LINARES C.F. LINARES	LORCA F.C. LORCA	F.C.CARTAGENA CARTAGENA	R.B. LINENSE LA LINEA D L C	ONTINYENT C.F. (II) ONTINYENT	SEVILLA ATCO SEVILLA	REAL BURGOS C.F. BURGOS	C.D.ELDENSE ELDA
C.D.EUROPA BARCELONA	PALENCIA C.F. PALENCIA	CIRC. POLIDEPORTIVO LA FELGUERA-LANGREO	S.D.CEUTA CEUTA	ALICANTE C.F. ALICANTE	C.D.MALACITANO MALAGA	C.ATCO MARBELLA MARBELLA	VALENCIA C.F. VALENCIA
U.D.MELILLA MELILLA	LORCA DEPORTIVA C.F. LORCA	U.D.ESPAÑA DE TANGER TANGER	MELILLA C.F. MELILLA	C.D.ATLETICO BALEARES PALMA DE MALLORCA	U.D.LLAGOSTERA LLAGOSTERA	C.D.GUADALAJARA GUADALAJARA	CLUB ARENAS ALGORTA–GETXO
U.D. HUESCA HUESCA	U.D.ORENSANA ORENSE	ECIJA BALOMPIÉ ECIJA	S.GIMNASTICA LUCENSE LUGO	A.D.ALMERIA ALMERIA	CENTRE d'ESPORTS L'HOSPITALET	ORIHUELA DEPORTIVA ORIHUELA	ELCHE ILICITANO C.F. ELCHE
SAN SEBASTIAN C.F. SAN SEBASTIAN	R. SOCIEDAD B SAN SEBASTIAN	C.AT. ALMERIA ALMERIA	ALMERIA C.F. ALMERIA	C.F.REUS DEPORTIVO REUS	UCAM DE MURCIA MURCIA	R.C.D.MALLORCA "B" PALMA DE MALLORCA	C.D.ABARAN ABARAN
A.D.FERROVIARIA MADRID	IBERIA S.C. ZARAGOZA	S.D.ERANDIO CLUB ERANDIO	U.D. VECINDARIO VECINDARIO	C.D. ENSIDESA LLARANES – AVILES	LEVANTE F.C. VALENCIA	A.D.CEUTA CEUTA	LORCA C.F. LORCA

2ªA HISTORICA

C.D. ARAGON ZARAGOZA	C.D.NACIONAL MADRID	PUENTE GENIL C.F. PUENTE GENIL	GIMNASTICO F.C. VALENCIA	U.D.ALZIRA ALZIRA	C.D.C MOSCARDO MADRID	S.D. ESCORIAZA ZARAGOZA	C.D.JUVENIL LA CORUÑA
C.P.CACEREÑO CACERES	A.D.PLUS ULTRA MADRID	C.E.JUPITER BARCELONA	AROSA S.C. VILLA GARCIA DE AROSA	R.D. ORIAMENDI GIJON	E.C.GRANOLLERS GRANOLLERS	U.D. HUESCA HUESCA	ZARAGOZA C.F. ZARAGOZA
BURJASSOT C.F. BURJASSOT	C.P. VILLARROBLEDO VILLARROBLEDO	C.F.J. MOLLERUSA MOLLERUSA	IMPERIAL C.F. MURCIA	UNION SPORTING C. VIGO	SPORT C.DE LA PLANA CASTELLÓN	E. H. ARABE TANGER	CATALUNYA F.C. BARCELONA
CLUB RACING MADRID MADRID	UNIVERSIDAD DE LAS PALMAS DE GRAN C	JEREZ INDUSTRIAL C.F. JEREZ DE LA FRONTERA	IMPERIO F.C. MADRID	TOLOSA F.C. TOLOSA	RAYO MAJADAHONDA MAJADAHONDA	EXTREMADURA U.D ALMENDRALEJO	ALTOS HORNOS DE BARACALDO
C.D.CASTELLON 1 CASTELLON	C.F.FUENLABRADA FUENLABRADA	U.D.LO GROÑES LOGROÑO	BURGOS C.F 1985 BURGOS	IBIZA U.D. IBIZA	S.D. AMOREBIETA AMOREBIETA	ANDORRA	F.C. ANDORRA ANDORRA

EUSKADI	BARAKALDO C.F. BARACALDO	BILBAO ATHLETIC CLUB BILBAO	REAL SOCIEDAD B SAN SEBASTIÁN C.F.	REAL UNION C. DE IRÚN IRÚN	S.D. LEMONA LEMONA	DEPORTIVO ALAVÉS VITORIA	AMURRIO CLUB AMURRIO
S.D. GERNIKA GUERNICA	SESTAO RIVER CLUB SESTAO	S.D. AMOREBIETA AMOREBIETA	S.D. BEASAIN BEASAIN	C.D. AURRERA DE VITORIA	S.D. EIBAR EIBAR	SESTAO SPORT CLUB SESTAO	DEPORTIVO ALAVÉS B VITORIA
BERMEO F.T. BERMEO	S.D. LEIOA LEIOA	ARENAS CLUB GETXO	C.D. BASKONIA BASAURI	CULTURAL DURANGO DURANGO	C.D. SANTURTZI SANTURCE	S.D. ERANDIO CLUB ERANDIO	C.D. ELGOIBAR ELGÓIBAR
CLUB PORTUGALETE PORTUGALETE	S.D. EIBAR B EIBAR	C.D. VITORIA VITORIA	ZALLA U.C. ZALLA	C.D. HERNANI HERNANI	ZAMUDIO S.D. ZAMUDIO	C.D. LAUDIO LLODIO	C.D. GETXO GETXO
TOURING K.E. RENTERIA		CASTILLA Y LEÓN	CULTURAL Y DEPORTIVA LEONESA	ZAMORA C.F. ZAMORA	S.D. PONFERRADINA PONFERRADA	BURGOS C.F. BURGOS	REAL VALLADOLID CF B VALLADOLID
C.D. GUIJUELO GUIJUELO	C.D. MIRANDÉS MIRANDA DE EBRO	C.F. PALENCIA 1963 PALENCIA	U.D. SALAMANCA SALAMANCA	C.D. NUMANCIA SORIA	REAL ÁVILA C.F. ÁVILA	PALENCIA C.F.1960 PALENCIA	UNIONISTAS DE SALAMANCA C.F.
SALAMANCA C.F. UDS SALAMANCA	ARANDINA C.F. ARANDA DE DUERO	GIMNASTICA SEGOVIANA C.F.	REAL BURGOS C.F. BURGOS	ATLÉTICO ASTORGA F.C. ASTORGA	BURGOS C.F. 1922-1983 BURGOS	C.D. PALENCIA BALOMPIÉ	GIMNÁSTICA ARANDINA ARANDA DE DUERO
GIMNÁST. MEDINENSE MEDINA DEL CAMPO	S.D.HULLERA VASCO - LEONESA PIÑERA		MELILLA	U.D. MELILLA MELILLA		GALICIA	PONTEVEDRA C.F. PONTEVEDRA

HISTÓRICA 1977-2021

RACING CLUB DE FERROL	C.D. OURENSE ORENSE	C.D. LUGO LUGO	R.C. CELTA DE VIGO B CELTA TURISTA	S.D. COMPOSTELA SANTIAGO DE C.	R.C.DEPORTIVO FABRIL LA CORUÑA	CORUXO F.C. CORUXO	C.D.ENDESA AS PONTES
AROSA S.C. VILLAGARCIA DE AROSA	C.D. LALÍN LALÍN	ATLÉTICO CORUÑA MONTAÑEROS C.F.	U.D. SOMOZAS SOMOZAS	CLUB JUVENTUD CAMBADOS	RÁPIDO DE BOUZAS BOUZAS	R.C. DEPORTIVO DE LA CORUÑA	BERGANTIÑOS F.C. CARBALLO
C.D.ARENTEIRO CARVALLINO	R.C. CELTA DE VIGO VIGO	S.D. CIUDAD DE SANTIAGO	C.D. BOIRO BOIRO	S.D. NEGREIRA NEGREIRA	ATLÉTICO ARTEIXO ARTEIXO	C.C.D. CERCEDA CERCEDA	
ANDALUCIA	REAL JAÉN C.F. JAÉN	SEVILLA ATLÉTICO SEVILLA	GRANADA C.F. GRANADA	REAL BALOMPÉDICA LINENSE	REAL BETIS B BETIS DEPORTIVO	CÓRDOBA C.F. CÓRDOBA	ÉCIJA BALOMPIÉ ÉCIJA
CADIZ C.F. CADIZ	XEREZ C.F. JEREZ DE LA FRONTERA	ALGECIRAS C.F. ALGECIRAS	MARBELLA F.C. MARBELLA	R.C. RECREATIVO DE HUELVA	RACING PORTUENSE PTO DE SANTAMARIA	C.D. LINARES LINARES	LUCENA C.F. LUCENA
ATLETICO SANLUQUEÑO SANLÚCAR	POLIDEPORTIVO EJIDO EL EJIDO	POLIDEPORTIVO ALMERÍA	C.D. SAN ROQUE DE LEPE	RECREATIVO GRANADA GRANADA	LINARES C.F. LINARES	SAN FERNANDO C.D. SAN FERNANDO	U.D. ALMERÍA B ALMERÍA
U.D. ALMERÍA ALMERÍA	MOTRIL C.F. MOTRIL	C.D. SAN FERNANDO SAN FERNANDO	C.D. ALCALÁ ALCALÁ DE GUADAIRA	MÁLAGA C.F. MÁLAGA	C.D. ROQUETAS ROQUETAS DE MAR	CÓRDOBA C.F. B CÓRDOBA	GUADIX C.F. GUADIX
C.D. EL EJIDO 2012 EL EJIDO	GRANADA 74 C.F. GRANANA	C.D. ESTEPONA ESTEPONA	C.D. ANTEQUERANO ANTEQUERA	DOS HERMANAS C.F. DOS HERMANAS	C.D. BAZA BAZA	LINARES DEPORTIVO LINARES	U.D. SAN PEDRO SAN PEDRO ALCANTARA

HISTÓRICA 1977-2021

CORIA C.F. CORIA DEL RIO	MÁRMOL MACAEL C.D. MACAEL	C.ATLÉTICO MARBELLA MARBELLA	ATLÉTICO MALAGUEÑO MALAGA	UNIÓN ESTEPONA C.F. ESTEPONA	C.D. FUENGIROLA FUENGIROLA	C.D. EL PALO EL PALO F.C.	C.D. VILLANUEVA VILLANUEVA
VÉLEZ C.F. VÉLEZ	CÁDIZ C.F. B CÁDIZ	C.D. ISLA CRISTINA ISLA CRISTINA	A.D. ALMERÍA ALMERÍA	C.D. LOS BOLICHES FUENGIROLA	C.D. UTRERA UTRERA	ANTEQUERA C.F. ANTEQUERA	LOJA C.D. LOJA
ATLÉTICO MANCHA REAL	JEREZ INDUSTRIAL C.F. JEREZ DE LA FRONTERA	C.D. RONDA RONDA	ARENAS CULTURA Y DEP ARMILLA	TORREDONJIMENO C.F. TORREDON JIMENO	U.D. LOS PALACIOS LOS PALACIOS		MADRID
ATLÉTICO DE MADRID B MADRID	R. MADRID CASTILLA MADRID	C.F. FUENLABRADA FUENLABRADA	U.D.SAN SEBASTIAN DE LOS REYES	C.D. LEGANÉS LEGANÉS	R.SOCIEDAD DEPORTIVA ALCALÁ	GETAFE C.F. GETAFE	A.D. ALCORCÓN ALCORCÓN
GETAFE C.F. B GETAFE	RAYO VALLECANO DE MADRID	C.F. RAYO MAJADAHONDA	R. MADRID C MADRID	C.D. ARTÍSTICO DE NAVALCARNERO	A.D .TORREJON TORREJÓN	C.D. MÓSTOLES MÓSTOLES	RAYO VALLECANO DE MADRID B
A.D. PARLA PARLA	C.D.C. MOSCARDÓ MADRID	REAL ARANJUEZ ARANJUEZ	C.D. PEGADO MADRID	DUX INTERNACIONAL DE MADRID	A.D. UNIÓN ADARVE MADRID	C.D. LEGANÉS B LEGANÉS	LAS ROZAS C.F. LAS ROZAS
R.C.D. CARABANCHEL CARABANCHEL	C.D. COBEÑA COBEÑA	C.F. TRIVAL VALDERAS ALCORCÓN	C.D. PUERTA BONITA MADRID	D. AAVV SANTA ANA MADRID		CATALUÑA	C.E. L'HOSPITALET HOSPITALET
C. GIMNÁSTIC DE TARRAGONA	F.C. BARCELONA B BARCELONA	C.E. SABADELL F.C. SABADELL	R.C.D. ESPANYOL B BARCELONA	U.D.A. GRAMANET GRAMANET	U.E. LLEIDA LLEIDA	U.E. FIGUERES FIGUERES	U.E. SANT ANDREU SANT ANDREU

C.F. BADALONA BADALONA	TERRASSA F.C. TERRASSA	LLEIDA ESPORTIU LLEIDA	GIRONA F.C. GIRONA	C.F. GAVÁ GAVÁ	C.F. REUS REUS	U.E. CORNELLÁ CORNELLÁ	A.E.C. MANLLEU MANLLEU
U.E. LLAGOSTERA LLAGOSTERA	U.E. OLOT OLOT	A.E. PRAT EL PRAT	C.E. MATARÓ MATARÓ	PALAMÓS C.F. PALAMÓS	F.C. BARCELONA C BARCELONA	REUS DEPORTIVO REUS	C. F. JUVENTUT DE MOLLERUSA
C.E. PREMIÁ PREMIÁ DE MAR	C.F. PERALADA PERALADA	C.F.POBLA DE MAFUMET	U.E. RUBÍ RUBÍ	F.C. SANBOIÁ SANT BOI LLOBREGAT	C.E. JÚPITER BARCELONA	C.E. EUROPA BARCELONA	
NAVARRA	C.ATLÉTICO OSASUNA B PAMPLONA	C.D. TUDELANO TUDELA	C.D. IZARRA ESTELLA	PEÑA SPORT F.C. TAFALLA	C.M. PERALTA C.D.AZCOYEN	U.D. MUTILVERA MUTILVA	U.D.C. TXANTREA U.D.C.CHANTREA
	C. VALENCIANA	C.D. ALCOYANO ALCOY	VALENCIA MESTALLA C.F.	HERCULES C.F. ALICANTE	BENIDORM C.F. BENIDORM	C.D. CASTELLÓN CASTELLÓN	ONTINYENT C.F. ONTENIENTE
LEVANTE U.D. VALENCIA	VILLARREAL C.F. B VILLARREAL	C.F. GANDÍA GANDÍA	ALICANTE C.F. ALICANTE	ATLÉTICO LEVANTE U.D. VALENCIA	C.D. OLÍMPIC DE XÁTIVA JÁTIVA	ORIHUELA C.F. ORIHUELA	ELCHE C.F. ELCHE
NOVELDA C.F. NOVELDA	C.D. ELDENSE ELDA	U.D. ALZIRA ALCIRA	VILLAJOYOSA C.F. VILLAJOYOSA	HURACÁN VALENCIA CF. VALENCIA	C.D. DENIA DENIA	ORIHUELA DEPORTIVA ORIHUELA	TORREVIEJA C.F. TORREVIEJA
VILLARREAL C.F. VILLARREAL	ELCHE ILICITANO ELCHE	U.D. VAL DE UXÓ VAL DE UXÓ	ATLÉTICO SAGUNTINO SAGUNTO	C.F. LA NUCÍA LA NUCÍA	VINARÓS C.F. VINARÓS	TORRENT C.F. TORRENT	LLÍRIA C.F. LLÍRIA

HISTÓRICA 1977-2021

C.D. BURRIANA BURRIANA	C.D. ONDA ONDA	ATZENETA U.E. ATZENETA	U.D. OLIVA OLIVA	C.F. NULES NULES	U.D. HORADADA HORADADA		ASTURIAS
R.SPORTING DE GIJON B GIJON	REAL AVILÉS C.F. AVILÉS	UNIÓN POPULAR DE LANGREO	CLUB MARINO DE LUANCO	REAL OVIEDO VETUSTA S.D. VETUSTA	REAL OVIEDO OVIEDO	CAUDAL DEPORTIVO DE MIERES	C.D. LEALTAD VILLAVICIOSA
C.D. ENSIDESA LLARANES – AVILES	C.D.UNIVERSIDAD DE OVIEDO	CLUB SIERO POLA DE SIERO	RIBADESELLA C.F. RIBADESELLA	C.D.MOSCONIA GRADO	C.D.COVADONGA OVIEDO		MURCIA
F.C.CARTAGENA CARTAGENA	C.F.CARTAGONOVA CARTAGENA	REAL MURCIA C.F. MURCIA	YECLANO C.F. YECLA	CARTAGENA F.C. CARTAGENA	UNI.CAT. SAN ANTONIO GUADALUPE	UCAM DE MURCIA MURCIA	AGUILAS C.F. AGUILAS
LORCA F.C. LORCA	LA HOYA DE LORCA C.F LORCA	LORCA DEPORTIVA C.F. LORCA	C.F. LORCA DEPORTIVA LORCA	F.C.JUMILLA JUMILLA	CARAVACA C.F. CARAVACA DE LA CRUZ	YECLANO DEPORTIVO YECLA	IMPERIAL C.F. R.MURCIA IMPERIAL
C.AT.CIUDAD LORQUÍ LORQUÍ	ATLETICO SANGONERA SANGONRRA LA VERDE	LORCA ATLETICO C.F. LORCA	LORCA C.F.1994 LORCA	A.D.MAR MENOR SAN JAVIER	C.F.LORCA DEPOR. 2012 LORCA	C.D.CIEZA CIEZA	MORATALLA C.F. MORATALLA
MAZARRON C.F. MAZARRON	C.D.ROLDAN ROLDAN	JUMILLA C.F. JUMILLA	C.F.LAUNION LA UNION DE MURCIA		ARAGÓN	C.D. ARAGON ZARAGOZA	S.D. HUESCA HUESCA
ANDORRA C.F. ANDORRA	C.D.BINÉFAR BINÉFAR	C.D.TERUEL TERUEL	C.D.EBRO ZARAGOZA	U.D.FRAGA FRAGA	S.D.EJEA EJEA DE L. CABALLEROS	U.D.CASETAS ZARAGOZA	U.D.BARBASTRO BARBASTRO

HISTÓRICA 1977-2021

C.D.LA MUELA LA MUELA	C.F.FIGUERUELAS FIGUERUELAS	S.D.TARAZONA TARAZONA	C.D.SARIÑENA SARIÑENA	UTEBO F.C. UTEBO		CANTABRIA	R.S.GIMNÁSTICA DE TORRELAVEGA
R.RACING SANTANDER SANTANDER	RACING SANTANDER B SANTANDER	S.D.NOJA NOJA	C.D.TROPEZON TANOS	C.D.LAREDO LAREDO	SANTOÑA C.F. SANTOÑA		CAS. LA MANCHA
TALAVERA C.F. TALAVERA DE LA REINA	U.BALOM.CONQUENSE CUENCA	C.D. TOLEDO TOLEDO	ALBACETE BALOMPIE ALBACETE	C.D.GUADALAJARA GUADALAJARA	C.D.PUERTOLLANO PUERTOLLANO	TOMELLOSO C.F. TOMELLOSO	PUERTOLLANO INDUSTRIAL C.F.
LA RODA C.F. LA RODA	C.D.MANCHEGO CIUDAD REAL	C.F TALAVERA TALAVERA DE LA REINA	U.D.SOCUÉLLAMOS SOCUÉLLAMOS	C.F.VALDEPEÑAS VALDEPEÑAS	VILLARRUBIA C.F. VILLARRUBIA D.L.OJOS	U.D.PUERTOLLANPO PUERTOLLANO	U.D.ALMANSA ALMANSA
C.P.VILLARROBLEDO VILLARROBLEDO	DAIMIEL C.F. DAIMIEL	CEUTA		AS.D. CEUTA 1997 CEUTA	AG.D. CEUTA 1970 CEUTA		BALEARES
R.C.D.MALLORCA B PALMA DE MALLORCA	C.D.ATLETICO BALEARES PALMA DE MALLORCA	SPORTING MAHONES MAHON	U.D.POBLENSE SA POBLA	S.D.IBIZA IBIZA	U.D. EIVISSA – IBIZA IBIZA	P.D.SANTA EULALIA SANTA EULALIA	R.C.D.MALLORCA PALMA DE MALLORCA
C.D.MANACOR MANACOR	C.D.CONSTANCIA INCA	IBIZA U.D. IBIZA	C.D.BADIA CALA MILLOR SON SERVERA	S.D.FORMENTERA FORMENTERA	C.F.SOLLER SOLLER	C.D.LLOSETENSE LLOSETAS	C.D.BENISSALEM BENISSALEM
C.D.SANTA PONSA SANTA PONSA		EXTREMADURA	C.D. BADAJOZ BADAJOZ	C.PTVO. CACEREÑO CACERES	C.F. VILLANOVENSE VILLANUEVA DL SERENA	C.F. EXTREMADURA ALMENDRALEJO	U.D.MERIDA MERIDA

JEREZ C.F. DE LOS CABALLEROS	C.D.DITER ZAFRA ZAFRA	C.D.BADAJOZ 1905 (2012) BADAJOZ	A.D.MÉRIDA MÉRIDA	U.P.PLASENCIA PLASENCIA	C.D.DON BENITO DON BENITO	EXTREMADURA U.D ALMENDRALEJO	ARROYO C.P. ARROLLO DE LA LUZ
MERIDA C.P. MERIDA	MORALO C.P. NAVALMORAL DL MATA	A.D.CERRO REYES ATCO BADAJOZ	C.D.VILLANOVENSE VILLANUEVA DL SERENA	SP. VILLANUEVA PROM. VILLANUEVA DL FRESNO		CANARIAS	UNIVERSIDAD DE LAS PALMAS DE GRAN C
U.D.PAJARA PLAYAS JANDIA	C.D.MENSAJERO STA.CRUZ D.L.PALMA	U.D. VECINDARIO VECINDARIO	U.D. LANZAROTE ARRECIFE	LAS PALMAS ATLETICO LAS PALMAS	C.D. TENERIFE TENERIFE	U.D. LAS PALMAS LAS PALMAS	C.D.MARINO LOS CRISTIANOS
C.D.MASPALOMAS MASPALOMAS	U.D.FUERTEVENTURA FUERTEVENTURA	U.D.GÁLDAR GÁLDAR	U.D.TELDE TELDE	C.D.CORRALEJO CORRALEJO	CASTILLO C.F. S.BARTOLOM. TIRAJANA	U.D. REALEJOS LOS REALEJOS	C.D.TENERIFE B SANTA CRUZ
U.D.VILLA SANTA BRIGIDA	C.D.SAN ISIDRO GRANADILLA ABONA	C.D.ORIENTACION MARITIMA - ARRECIFE	U.D.TAMARACEITE TAMARACEITE		ANDORRA	F.C.ANDORRA ANDORRA-ANDORRA	
LA RIOJA	U.D.LO GROÑES LOGROÑO	C.D.LOGROÑES LOGROÑO	C.D.CALAHORRA CALAHORRA	LOGROÑES C.F. LOGROÑO	C.D.RECREACION LOGROÑO	C.D.ALFARO ALFARO	C.D. LOGROÑES PROM. LOGROÑO
S.D.LOGROÑES LOGROÑO	HARO DEPORTIVO HARO	C.D.ARNEDO ARNEDO					

1ª RFEF HISTÓRICA

PRIMERA	R.C.DEPORTIVO DE LA CORUÑA	UNIONISTAS S.C.F. SALAMANCA	U.D.LO GROÑES LOGROÑO	RAYO MAJADAHONDA MAJADAHONDA	C.D.BADAJOZ 1905 BADAJOZ 2012	U.D.SAN SEBASTIAN DE LOS REYES	R.C.CELTA DE VIGO B VIGO
R. RACING CLUB SANTANDER	R.UNION DE IRUN IRUN	S.D.LOGROÑES LOGROÑO	DUX INTERNACIONAL DE MADRID BOADILLA	ATHLETIC CLUB BILBAO	RACING DE FERROL FERROL	CULTURAL LEONESA LEON	ZAMORA C.F. ZAMORA
EXTREMADURA U.D. ALMENDRALEJO	C.F.TALAVERA DE LA REINA	REAL VALLADOLID PROMESAS	C.D. CALAHORRA CALAHORRA	C.D. TUDELANO TUDELA	VILLARREAL B C.F. VILLARREAL	C.D.ATLETICO BALEARES PALMA DE MALLORCA	C.D.ALCOYANO ALCOY
ATLETICO SANLUQUEÑO SANLUCAR BARRAMEDA	UCAM DE MURCIA MURCIA	C. GIMNÀSTIC DE TARRAGONA	R.BALOMPEDICA LINENSE LA LINEA	REAL MADRID CASTILLA MADRID	U.E.COSTA BRAVA LLAGOSTERA	ALBACETE BALOMPIÉ ALBACETE	F.C. BARCELONA B BARCELONA
C.D. CASTELLÓN CASTELLÓN	CENTRE D'ESPORTS SABADELL F.C.	BETIS DEPORTIVO SEVILLA	LINARES DEPORTIVO LINARES	ALGECIRAS C.F. ALGECIRAS	F.C. ANDORRA ANDORRA LA VELLA	SAN FERNANDO C.D. SAN FERNANDO	U.E.CORNELLÁ CORNELLÁ
SEVILLA ATLETICO SEVILLA	S.D. AMOREBIETA AMOREBIETA	A.D. ALCORCÓN ALCORCÓN	A.D. CEUTA FC CEUTA	CÓRDOBA C.F. CÓRDOBA	C.F. FUENLABRADA FUENLABRADA	A.D. MÉRIDA MÉRIDA	PONTEVEDRA C.F. PONTEVEDRA
C.D. ELDENSE ELDA	INTERCITY C.F. SAN JUAN	C.F. LA NUCÍA LA NUCÍA	REAL MURCIA MURCIA	C.D. NUMANCIA SORIA	OSASUNA PROMESAS PAMPLONA	REAL SOCIEDAD B SAN SEBASTIÁN	CENTRE D'SPORTS SABADELL

SEGUNDA RFEF HISTÓRICA

CD. EXTREMADURA 1924 - ALMENDRALEJO	C.D. ARENTEIRO O CARBALLINO	AROSA S.C. VILLAGARCIA DE AROSA	BERGANTIÑOS F.C. CARBALLO	C.D.MÓSTOLES URJC MÓSTOLES	S.D.COMPOSTELA SANTIAGO	CORUXO F.C. VIGO	GIMNÁSTICA SEGOVIANA
UNIÓN POPULAR DE LANGREO	C.D. LEGANÉS B LEGANÉS	C.MARINO DE LUANCO LUANCO	C.D. ARTISTICO DE NAVALCARNERO	C.D.PALENCIA CRISTO ATLÉTICO	PONTEVEDRA C.F. PONTEVEDRA	REAL AVILÉS AVILÉS	SALAMANCA UDS SALAMANCA
U.C. CEARES GIJÓN	U.D. LLANERA POSADA DE LLANERA	UNIÓN ADARVE MADRID	C.D. GUIJUELO GUIJUELO	C.D. LAREDO LAREDO	A.D. SAN JUAN PAMPLONA	C. ARENAS DE GETXO GETXO	BURGOS C.F. PROMESAS BURGOS
C.D.CAYÓN STA MARÍA DE CAYÓN	C.D. LAREDO LAREDO	C.F. ARDOI ZIZUR MAYOR	C.D.IZARRA ESTELLA	U.D. MUTILVERA MUTILVA	NAXARA C.D. NAXARA	C.D. OSASUNA B PAMPLONA	PEÑA SPORT TAFALLA
RACING RIOJA LOGROÑO	RAYO CANTABRIA SANTANDER	R. SOCIEDAD C SAN SEBASTIAN	GERNIKA CLUB GUERNICA	SESTAO RIVER CLUB SESTAO	C.D.TROPEZON TANOS	U.D. LOGROÑES B LOGROÑO	OURENSE C.F. ORENSE
POLVORÍN C.F. C.D. LUGO B	A.E. PRAT EL PRAT DE LLOBREGAT	C.E. ANDRATX ANDRATX	C.F. BADALONA BADALONA	C.D. BREA BREA DE ARAGÓN	C.D. EBRO ZARAGOZA	C.E. EUROPA BARCELONA	CERDANYOLA F.C. SERDAÑOLA DEL VALLÉS
S.D.EJEA EJEA D.LOS CABALLEROS	R.C.D. ESPANYOL B BARCELONA	S.D.HUESCA B HUESCA	IBIZA ISLAS PITIUSAS IBIZA	LLEIDA SPORTIU LERIDA	C.D.NUMANCIA SORIA	S.C.R. PEÑA DEPORTIVA SANTA EULALIA	S.D. FORMENTERA FORMENTERA
S.D. TARAZONA TARAZONA	TERRASA F.C. TARRASA	C.D. TERUEL TERUEL	REAL OVIEDO VETUSTA	R. S. GIMNASTICA TORRELAVEGA	A.D. CEUTA F.C. CEUTA	A.D. MÉRIDA MÉRIDA	ANTEQUERA C.F. ANTEQUERA

SEGUNDA RFEF HISTÓRICA

CÁDIZ C.F.B CADIZ	C.D. CORIA CORIA	C.D. DON BENITO DON BENITO	CÓRDOBA C.F. CÓRDOBA	C.P. CACEREÑO CÁCERES	LAS PALMAS AT. LAS PALMAS DE GC.	C.D. MENSAJERO STA CRUZ DE LA PALMA	U.D. MONTIJO MONTIJO
C.F.PANADERÍA PULIDO SAN MATEO	C.D. SAN ROQUE DE LEPE	U.D. TAMARACEITE LAS PALMAS DE G.C.	U.D. SAN FERNANDO SAN FERNANDO	VÉLEZ C.F. VELEZ	C.F. VILLANOVENSE VILLANUEVA SERENA	XEREZ DEPORTIVO F.C. JEREZ	R. VALLADOLID PROMESAS
ZAMORA C.F. ZAMORA	ÁGUILAS F.C. ÁGUILAS	AT. LEVANTE VALENCIA	C.AT. PULPILEÑO PULPÍ	C.D. EL EJIDO 2012 EL EJIDO	C.D. MARCHAMALO MARCHAMALO	C.D. TOLEDO TOLEDO	C.F.INTERCITY SAN JUAN
C.F. LA NUCÍA LA NUCÍA	C.S. PUERTOLLANO PUERTOLLANO	C.D. ELDENSE ELDA	HERCULES C.F. ALICANTE	AT. MANCHA REAL MANCHA REAL	MAR MENOR C.F. SAN JAVIER	REAL MURCIA MURCIA	RECREATIVO GRANADA GRANADA
U.D. ALZIRA ALCIRA	U.D. MELILLA MELILLA	U.D. YUGO SOCUELLAMOS	C.D. ALFARO ALFARO	C.D. ARNEDO ARNEDO	C. AT. CIRBONERO CINTRUÉNIGO	C.D. TUDELANO TUDELA	DEPORTIVO ALAVÉS B VITORIA
S.D. BEASAÍN BEASAÍN	UTEBO F.C. UTEBO	ATLÉTICO SAGUNTINO SAGUNTO	C D'E MANRESA MANRESA	R.C.D. MALLORCA B MALLORCA	RZ DEPORTIVO ARAGÓN ZARAGOZA	U.E.COSTA BRAVA LLAGOSTERA	U.E. OLOT OLOT
VALENCIA MESTALLA VALENCIA	ATLÉTICO SANLUQUEÑO SANLÚCAR	R. BETIS DEPORTIVO SEVILLA	C.D. UTRERA UTRERA	F.C. CARTAGENA B CARTAGENA	JUVENTUD DE TORREMOLINOS	R.C. RECREATIVO DE HUELVA	SEVILLA ATLÉTICO SEVILLA
UCAM DE MURCIA MURCIA	YECLANO DPVO YECLA	A.D. ALCORCÓN B ALCORCÓN	ATLÉTICO DE MADRID B MADRID	C.D. AT. PASO EL PASO	C.D. DIOCESANO CACERES	C.D. GUADALAJARA GUADALAJARA	C.F.TALAVERA DE LA REINA

CATEGORÍA NACIONAL

1929-2023 COMUNIDADES Y PROVINCIAS.

ANDALUCÍA	EUSKADI
ARAGÓN	EXTREMADURA
ASTURIAS	GALICIA
BALEARES	LA RIOJA
CANARIAS	MADRID
CANTABRIA	MURCIA
CASTILLA LA MANCHA	NAVARRA
CASTILLA Y LEÓN	N. AFRICA
CATALUYA	VALENCIA

FEDERACIÓN ANDALUZA

ANDALUCIA	FEDERACIÓN ALMERIENSE	A.D.ADRA ADRA	ADRA C.F. ADRA	TRAFALGAR C.F. ADRA	ALMERÍA ATH F.C. ALMERÍA	A.D.ALMERÍA ALMERÍA	ALMERÍA C.F. ALMERÍA
C.AT. ALMERÍA ALMERÍA	C.POLIDEPORTIVO ALMERÍA	U.D.ALMERÍA 1947 ALMERÍA	U.D.ALMERÍA 2001 ALMERÍA	U.D.ALMERÍA B ALMERÍA	C.D.ALMERÍA ALMERÍA	C.HISPANIA F.J. ALMERÍA	PLUS ULTRA C.F. ALMERÍA
C.D.ESPAÑOL ALQUIAN ALMERÍA	LOS MOLINOS C.F. ALMERÍA	U.D.CARBONERAS CARBONERAS	C.POLIDEPORTIVO EJIDO EL EJIDO	POLIDEPORTIVO EJIDO B EL EJIDO	C.D.EL EJIDO 2012 EL EJIDO	C.D. EL EJIDO 2019 EL EJIDO	PEÑA DEPORTIVA GARRUCHA
C.D.HUERCAL HUERCAL DE ALMERÍA	HUERCAL-OVERA C.F. HUERCAL OVERA	C.F.HUERCALENSE HUERCAL OVERA	C.D. COMARCA DEL MÁRMOL-MACAÉL	ATCO MACAÉL C.F. MACAÉL	C.D.MÁRMOL MACAÉL MACAÉL	C.D.MOJACAR MOJACAR	A.D.COMARCA DE NÍJAR NÍJAR
U.D.SAN ISIDRO SAN ISIDRO NIJAR	C.D.ROQUETAS ROQUETAS DE MAR	C.D.VERA VERA	C.D.BAREA VERA	C.D.CIUDAD DE VÍCAR VÍCAR	ANDALUCIA	FEDERACIÓN ALMERIENSE	
FEDERACIÓN GADITANA	ALGECIRAS C.F.1941 ALGECIRAS	ALGECIRAS C.F. 1995 ALGECIRAS	C.ESPAÑA DE ALGECIRAS	C.ATCO DE ALGECIRAS ALGECIRAS	J. SEBASTIAN ELCANO ALGECIRAS	ARCOS C.F. ARCOS DE LA FRONTERA	BARBATE C.F. BARBATE
CÁDIZ C.F. CÁDIZ	CÁDIZ C.F. B CÁDIZ	BALON DE CÁDIZ C.F. CÁDIZ	C.D.MIRANDILLA CÁDIZ	MIRANDILLA C.F. CÁDIZ	C.D.HERCULES GADITANO	U.D.GADITANA CÁDIZ	C.D.CHICLANERO CHICLANA
CHICLANA C.F. CHICLANA	CONIL C.F. CONIL	XEREZ F.C. JEREZ DE LA FRONTERA	XEREZ C.D. JEREZ DE LA FRONTERA	XEREZ C.D. B JEREZ DE LA FRONTERA	JEREZ C.D. JEREZ DE LA FRONTERA	JEREZ INDUSTRIAL C.F. JEREZ DE LA FRONTERA	JUVENTUD DE JEREZ INDUSTRIAL- JEREZ

FEDERACIÓN ANDALUZA

XEREZ DEPORTIVO F.C. 2018 JEREZ	XEREZ DEPORTIVO F.C. 2011 JEREZ	C.D.GUADALCACIN JEREZ DE LA FRONTERA	REAL BALOMPEDICA LINENSE-LA LINEA	RECREATIVO LINENSE CF LA LINEA	S.D.LOS BARRIOS LOS BARRIOS	U.D.LOS BARRIOS LOS BARRIOS	RECREVO C.PORTUENSE PUERTO SANTA MARIA
C.D.VICTORIA PUERTO SANTA MARIA	PUERTO REAL C.F. PUERTO REAL	C.D.ROTA ROTA	U.D.ROTA ROTA	C.D.SAN FERNANDO SAN FERNANDO	SAN FERNANDO C.D. SAN FERNANDO	C.D.SAN ROQUE SAN ROQUE	ATCO SAN LUQUEÑO SANLUCAR DE BARRAM.
CD.RAYO SANLUQUEÑO SANLUCAR D BARRAM.	U.D.TARIFA TARIFA	UBRIQUE INDUSTRIAL C.F. UBRIQUE	ANDALUCIA	FEDERACIÓN GADITANA			
FEDERACIÓN CORDOBESA	C.D.EGABRENSE CABRA	CASTRO C.F. CASTRO DEL RIO	RACING DE CORDOBA C.F.-CORDOBA	R.C.D. CORDOBA 1941 CORDOBA	R.C.D. CORDOBA 1934 CORDOBA	REAL CORDOBA CORDOBA	C.D.SAN ALVARO CORDOBA
CORDOBA C.F. CORDOBA	CORDOBA C.F.B CORDOBA	C.ATLETICO CORDOBES CORDOBA	SD.ELECTROMECANICAS CORDOBA	ATLETICO ESPELEÑO ESPIEL	LUCENA C.F. LUCENA	U.D.LUCENA LUCENA	C.D.CIUDAD DE LUCENA LUCENA
ATCO LUCENTINO C.F. LUCENA	AT.LUCENTINO INDUST. LUCENA	C.F.LA RAMBLA LA RAMBLA	MONTILLA C.F. MONTILLA	VIÑA VERDE MOTILLA C.D.-MONTILLA	ATCO PALMA DEL RIO PALMA DEL RIO	PEÑARROLLA-PUEBLONUEVO C.F.	C.D.POZOBLANCO POZOBLANCO
PRIEGO INDUSTRIAL CF. PRIEGO DE CORDOBA	ATLETICO PRIEGUENSE PRIEGO	PUENTE GENIL C.F. PUENTE GENIL	C.D.PONTANES PUENTE GENIL	SALERM COSMETICS PUENTE GENIL F.C.	RUTE CALIDAD C.F. RUTE	SANTAELLA C.F. SANTAELLA	VILLA DEL RIO C.F. VILLA DEL RIO
C.D.VILLANUEVA 1951 VILLAN. DE CORDOBA	CD VILLANUEVA 2001 VILLANUEVA CORDOBA	ANDALUCIA	FEDERACIÓN CORDOBESA				

FEDERACIÓN ANDALUZA

RFAF Granada	C.D.IMPERIO ALBOLOTE ALBOLOTE	ARENAS C.F. ARMILLA	ARENAS CULTURA Y DEPORTE- ARMILLA	ATARFE INDUSTRIAL C.F. ATARFE	C.D.BAZA BAZA	ATLETICO BASTETANO BAZA	GRANADA ATLETICO CF. GRANADA
FEDERACIÓN GRANADINA	GRANADA C.F. GRANADA	GRANADA C.F. B RECREATIVO GRANADA	GRANADA RECREATIVO GRANADA	RECREATIVO GRANADA GRANADA	REAL GRANADA C.F. GRANADA	GRANADA 74 C.P. GRANADA	GRANADA 74 C.F. MOTRIL	C.D.MOTRIL 1969 MOTRIL
MOTRIL C.F.1984 MOTRIL	MOTRIL C.F.1997 MOTRIL	MOTRIL C.F.2013 MOTRIL	C.D.HUETOR TAJAR HUETOR TAJAR	C.D.HUETOR-VEGA HUETOR VEGA	C.D.LOJA LOJA	GUADIX C.F. GUADIX	U.D.MARACENA MARACENA
VANDALIA INDUSTRIAL C.F.-PELIGROS	C.D.SANTA FE SANTA FE	ATL.LA ZUBIA LA ZUBIA	ANDALUCIA	FEDERACIÓN GRANADINA			
RFAF Huelva	AYAMONTE C.F. AYAMONTE	BOLLULOS C.F. BOLLULOS CONDADO	A.D.CARTAYA CARTAYA	C.ATCO CORTEGANA CORTEGANA	RECREATIVO 1889 HUELVA	ONUBA F.C. HUELVA	R.C.RECREATIVO DE HUELVA
FEDERACIÓN ONUBENSE	R.C.RECREATIVO B HUELVA	ATCO ONUBENSE HUELVA	ATCO ONUBENSE HUELVA	C.D.ISLA CRISTINA ISLA CRISTINA	LA PALMA C.F. LA PALMA DEL CONDADO	C.D.SAN ROQUE DE LEPE	C.D.MOGUER MOGUER	RIOTINTO BALOMPIE 1914 RIOTINTO
RIOTINTO BALOMPIE RIOTINTO	SD.OLIMP.VALVERDEÑA VALVERDE DEL CAMINO	ANDALUCIA	FEDERACIÓN ONUBENSE				
RFAF Jaén	C.D.ILITURGI ANDUJAR	ILITURGI C.D. ANDUJAR	ILITURGI C.F. ANDUJAR	BAEZA C.F. BAEZA	BAEZA DEPORTIVO BAEZA	RECREATIVO BAILEN CF. BAILEN	REAL JAEN C.F. JAEN
FEDERACIÓN JIENENSE							

FEDERACIÓN ANDALUZA

OLIMPICA JEENENSE JAEN	SANTANA C.F. LINARES	ATLETICO LINARES LINARES	C.D.LINARES 1932 LINARES	C.D.LINARES 1951 LINARES	LINARES C.F.1967 LINARES	LINARES DEPORT.2010 LINARES	R.U.D.CAROLINENSE LA CAROLINA
LOS VILLARES C.F. LOS VILLARES	AT. MANCHA REAL C.F. MANCHA REAL	C.F.MARTOS-JAEN ATCO MARTOS	C.D.MARTOS MARTOS	MENGIBAR C.F.1993 MENGIBAR	MENGIBAR C.F.2008 MENGIBAR	ATLETICO PORCUNA PORCUNA	TORREDONJIMENO C.F. TORREDONJIMENO
U.D.CIUDAD DE TORREDONJIMENO	C.D.TORREPEROGIL TORREPEROGIL	ÚBEDA C.F. ÚBEDA	VILLACARRILLO C.F. VILLACARRILLO	C.D.VILLANUEVA DEL ARZOVISPO	ANDALUCIA	FEDERACIÓN JIENENSE	RFAF 100
RFAF Málaga FEDERACIÓN MALAGUEÑA	ALAURIN D L TORRE CF. ALAURIN DE LA TORRE	C.D.ALAHURINO ALAURIN EL GRANDE	C.D.ANTEQUERA-PUERTO MALAGUEÑO	ANTEQUERA C.F. ANTEQUERA	C.D.ANTEQUERANO ANTEQUERA	ATCO BENAMIEL C.F. ARRORRO DE LA MIEL	C.ATCO ESTACION CARTAMA
C.ATLETICO COIN COIN	C.D.ESTEPONA ESTEPONA	C.D.ESTEPONA F.SENIOR ESTEPONA	UNION ESTEPONA C.F. ESTEPONA	C.D.FUENGIROLA FUENFIROLA	U.D.FUENGIROLA LOS BOLICHES-FUENGIROLA	C.D.LOS BOLICHES FUENGIROLA	U.D.FUENGIROLA FUENGIROLA
C.D.PUERTO MALAGUEÑO-MALAGA	OLIMPICA VICTORIANA C.F.-MALAGA	U.D.DOS HERMANAS S.ANDRES - MALAGA	F.C.MALAGUEÑO MALAGA	MALAGA SPORT CLUB MALAGA	REAL MALAGA F.C. MALAGA	C.D.MALAGA MALAGA	C.ATCO MALAGUEÑO MALAGA
MALAGA C.F. MALAGA	MALAGA C.F. B MALAGA	C.D.MALACITANO MALAGA	EL PALO F.C. MALAGA	CENTRO DEPORTES EL PALO - MALAGA	F.C.MALAGA CITY MALAGA	UD.MAILVA-SABINILLAS MANILVA	C.ATCO MARBELLA MARBELLA
U.D.MARBELLA MARBELLA	MARBELLA F.C. MARBELLA	ANDALUCIA C.F. MARBELLA	C.D.MIJAS MIJAS	C.D.NERJA NERJA	CD.RINCON D VICTORIA RINCON DE LA VICTORIA	C.D.RONDA RONDA	C.D.RONDA CENTRO OBRERO CATÓLICO

FEDERACIÓN ANDALUZA

U.D.SAN PEDRO SAN P. DE ALCANTARA	U.D.TORRE DEL MAR TORRE DEL MAR	JUVENTUD TORREMOLINOS	JUVENTUD TORREM CF. TORREMOLINOS	VELEZ C.F. VELEZ-MALAGA	C.D.VELEÑO VELEZ-MALAGA	ANDALUCIA	FEDERACIÓN MALAGUEÑA
FEDERACIÓN SEVILLANA	C.D.ALCALA ALCALA DE GUADAIRA	C.D.BRENES BRENES	A.D.CARMONA CARMONA	R.C.D.NUEVA SEVILLA CASTILLEJA	CASTILLEJA C.F. CASTILL. DE LA CUESTA	COSTANTINA C.F. COSTANTINA	CORIA C.F. CORIA DEL RIO
DOS HERMANAS C.F. DOS HERMANAS	PEÑA DEP.ROCIERA DOS HERMANAS	ECIJA BALOMPIÉ ECIJA	RECREATIVO ECIJANO ECIJA	ECIJA C.F. ECIJA	C.D.GERENA GERENA	C.D.CABECENSE L CABEZAS DE SAN JUAN	C.ATCO ANTONIANO LEBRIJA
C.D.LEBRIJA LEBRIJA	U.B.LEBRIJANA LEBRIJA	LORA C.F. LORA DEL RIO	U.D.LOS PALACIOS LOS PALACIOS	C.D.MAIRENA MAIRENA DE ALCOR	S.D.MARCHENA BALOMPIE	U.D.MARINALEDA MARINALEDA	C.AT.MORON MORON D L FRONTERA
U.D.PILAS PILAS	U.D.CAÑAMERA S. JOSÉ D L RINCONADA	A.D.SAN JOSE S. JOSE D L RINCONADA	C.M.D.SAN JUAN S.J.DE AZNALFARACHE	SANLUCAR C.F. SANLUCAR LA MAYOR	A.D.CERRO AGUILA SEVILLA	CALAVERA C.F. SEVILLA	C.D.PUERTO SEVILLA
BETIS BALOMPIÉ SEVILLA	R.BETIS BALOMPIÉ SEVILLA	BETIS DEPTIVO BALOMP SEVILLA	R.BETIS BALOMPIE B SEVILLA	TRIANA BALOMPIE SEVILLA	SEVILLA F.C. 2013 SEVILLA	SEVILLA C.F. SEVILLA	SEVILLA F.C. SEVILLA
SEVILLA ATCO SEVILLA	SEVILLA F.C. B SEVILLA	SEVILLA C.F.C SEVILLA	U.D.TOMARES TOMARES	C.D.UTRERA UTRERA	C.D.KIMBER UTRERA	ANDALUCIA	FEDERACIÓN SEVILLANA
RFAF Almería	RFAF Cádiz	RFAF Córdoba	RFAF Granada	RFAF Huelva	RFAF Jaén	RFAF Málaga	RFAF Sevilla

FEDERACIÓN ARAGONESA

F.ARAGONESA F.	HUESCA	U.D. ALCAMPELL ALCAMPELL	ALCOLEA C.F. ALCOLEA DE CINCA	A.D. ALMUDEVAR ALMUDEVAR	C.D. ALTORRICON ALTORRICON	U.D. BARBASTRO BARBASTRO	U.D. BIESCAS BIESCAS
C.D. BINEFAR BINEFAR	C.D. ESTADILLA ESTADILLA	U.D. FRAGA FRAGA	U.D. HUESCA 1943 HUESCA	C.D. HUESCA HUESCA	U.D. HUESCA 1946 HUESCA	S.D. HUESCA HUESCA	S.D. HUESCA B HUESCA
C.D.PEÑAS OSCENSES HUESCA	U.D. JACA JACA	C.F. JACETANO JACA	C.F. JUVENIL JACETANO JACA	U.D. LA FUEVA LA FUEVA	F.C. LALUEZA LALUEZA	C. ATLETICO DE MONZON	ATLETICO-MONZON MONZON
JUVENTUD D. PERALTA PERALTA DE ALCOFEA	POMAR C.F. POMAR DE CINCA	C.D. ROBRES ROBRES	C.D. ROBRES 2020 ROBRES	A.D. SABIÑANIGO SABIÑANIGO	UD. SAN LORENZO FLU. SAN LORENZO FLUMEN	C.D. SARIÑENA SARIÑENA	C.D.J. TAMARITE TAMARITE DE LA LITERA
TERUEL	U.D. TERUEL TERUEL	C.D. TERUEL TERUEL	ALCAÑIZ C.F. ALCAÑIZ	C.D. ALCORISA ALCORISA	ANDORRA F.C. ANDORRA	C.D. CALVO SOTELO ANDORRA	CLUB ENDESA ANDORRA
C.F.CALAMOCHA CALAMOCHA	C.D. UTRILLAS UTRILLAS	ZARAGOZA	C.D. ALAGON ALAGON	C.F.V.LLA ALAGON ALAGON	REGIONES DESVASTADA BELCHITE	C.D.BELCHITE 97 BELCHITE	C.D. BORJA BORJA
S.D. BORJA BORJA	C.D. BREA BREA DE ARAGON	C.D. CALATAYUD CALATAYUD	AT. CALATAYUD CALATAYUD	C.D. CARIÑENA CARIÑENA	C.D. CARIÑENA MONTE DUCAY	U.D. CASETAS CASETAS	C.D. CASPE CASPE
C.D.CUARTE INDUST. CUARTE DE HUERVA	C.D. EJEA DE LOS CABALLEROS	S.D. EJEA DE LOS CABALLEROS	A.D.C.F. EPILA EPILA	CALVO SOTELO C.D. ESCATRON	CLUB ENDESA ESCATRON	C.D. ESCATRON ESCATRON	C. TERMOELECTRICAS ESCATRON

FEDERACIÓN ARAGONESA

FIGUERUELAS C.F. FIGUERUELAS	C.D. FUENTES DE EBRO FUENTES DE EBRO	C.D. GALLUR GALLUR	GELSA C.F. GELSA DE EBRO	C.F. ILLUECA ILLUECA	C.D. LA ALMUNIA LA ALMUNIA	C.D. LA MUELA LA MUELA	C.F. LUCENI LUCENI
C.D. MAELLA MAELLA	C.D. MALLEN MALLEN	MEQUINENZA C.D. MEQUINENZA	S.D. MONTAÑANESA MONTAÑANA	C.AT. MONZALBARBA MONZALBARBA	AT.MONZALBARBA 2019 MONZALBARBA	C.D. QUINTO QUINTO DE EBRO	C.F.SANTA ANASTASIA SANTA ANASTASIA
S.D. TARAZONA TARAZONA	C.D. TARAZONA TARAZONA	S.D. TRIASU TARAZONA	C.D. TAUSTE TAUSTE	UTEBO F.C. UTEBO	UTEBO F.C.2021 UTEBO	VILLANUEVA C.F. VILLANUEVA GALLEGO	ARENAS S.D. ZARAGOZA
C.D. CELTA ZARAGOZA	C.D. EBRO ZARAGOZA	ATLETICO ESCALERILLAS ZARAGOZA	U.D.ESPAÑOL ARRABAL-ZARAGOZA	C.D. GINER TORRERO ZARAGOZA	HERNAN CORTES C.F. ZARAGOZA	S.D. HERNAN CORTES ZARAGOZA	AT. DELICIAS C.F. ZARAGOZA
IBERIA S.C. ZARAGOZA	ZARAGOZA C.D. ZARAGOZA	ZARAGOZA F.C. 1932 ZARAGOZA	ZARAGOZA C.F. 1951 ZARAGOZA	REAL ZARAGOZA C.D. ZARAGOZA	REAL ZARAGOZA C.D. B ZARAGOZA	REAL ZARAGOZA ZARAGOZA	REAL ZARAGOZA B ZARAGOZA
C.D. ARAGON ZARAGOZA	JUVENTUD C.F. ZARAGOZA	U.D. AMISTAD ZARAGOZA	C. AT. ZARAGOZA ZARAGOZA	S.D. ESCORIAZA ZARAGOZA	C.D. DISCOBOLO ZARAGOZA	C. PATRIA ARAGON ZARAGOZA	RENFE C.F. ZARAGOZA
C.D. OLIVER ZARAGOZA	A.D.SAN JUAN ZARAGOZA	R.S.D. SANTA ISABEL ZARAGOZA	AT.UNIVERSITARIO CF ZARAGOZA	UNIVERSIDAD DE ZARAGOZA	C.D. SAN GREGORIO ARRABAL-ZARAGOZA	U.D. SAN JOSE ZARAGOZA	C.D. VALDEFIERRO ZARAGOZA
C.D. ZUERA ZUERA	ARAGON						

F.ASTURIANA

R.F.F.P.ASTURIAS	C. SANTIAGO ALLER	C. RECREATIVO ARNAO ARNAO - CASTRILLÓN	STADIUM AVILESINO AVILES	R. STADIUM AVILESINO AVILES	REAL AVILES C.F.1915 AVILES	REAL AVILES C.F.2011 AVILES	REAL AVILES C.F. B AVILES
REAL AVILES 2021 AVILES	R.AVILES INDUSTRIAL AVILES	ATLETICO AVILES AVILES	AVILES STADIUM C.F. AVILES	NAVARRO C.F. NAVARRO-AVILES	C.D. LLARANES LLARANES – AVILES	C.D. ENSIDESA LLARANES – AVILES	CLUB ASTURIAS BLIMEA
CANDAS C.F. CANDAS - CARREÑO	S.D. NARCEA CANGAS DE NARCEA	C. ATLETICO CANICAS CANGAS DE ONIS - ONIS	CARBAYEDO C.F. CARBAYEDO - AVILES	A.D. RIBADEDEVA COLOMBRES	C.D.COLUNGA COLUNGA	S.D. COLLOTO COLLOTO – SIERO	C.D. CUDILLERO CUDILLERO
C.F. BERRON EL BERRON – SIERO	U.C. CEARES CEARES –GIJON	U.D. EL ENTREGO EL ENTREGO	L' ENTREGU C.F. EL ENTREGO	EL ENTREGO C.D. EL ENTREGO	C.D. GIJON GIJON	R. SPORTING ATLCO GIJON	C. ATLETICO GIJON GIJON
REAL GIJON C.F. GIJON	REAL SPORTING GIJON GIJON	R.SPORTING GIJON B GIJON	DEPORTIVO ROCES GIJON	U.D. GIJON INDUSTRIAL GIJON	PELAYO C.F. GIJON	C.D.ORIAMENDI HISPANIA-GIJON	R.D. ORIAMENDI GIJON
AT.CAMOCHA S.D. LA CAMOCHA – GIJON	CLUB CALZADA LA CALZADA – GIJON	C.D. MOSCONIA GRADO	C. P. LA FELGUERA LA FELGUERA-LANGREO	LA FELGUERA SIDERURGICA-LANGREO	UNION POPULAR LANGREO	U.P. LANGREO B LANGREO	CLUB LANGREANO SAMA - LANGREO
CLUB LADA LANGREO LADA - LANGREO	C.D. MARINO LUANCO - GOZON	LUARCA C.F. LUARCA - VALDES	U.D.LLANERA LLANES	C.D. LLANES LLANES	C.D.LLANES LLANES	CAUDAL DEPORTIVO MIERES	RACING C. DE MIERES MIERES

F.ASTURIANA

C.D. SANTA MARINA MIERES	ANDES C.F. NAVIA	CLUB EUROPA NAVA	NAVIA C.F. NAVIA	CLUB CONDAL C.F. NOREÑA	CLUB CONDAL NOREÑA	CLUB NALON OLLONIEGO	A.D. UNIVERSIDAD OVIEDO
C. ATL. UNIVERSITARIO OVIEDO	CLUB ASTUR OVIEDO	ASTUR C. F. OVIEDO	OVIEDO ASTUR C.F. OVIEDO	REAL OVIEDO C.F. OVIEDO	REAL OVIEDO C.F. B R.OVIEDO VETUSTA	S.D. VETUSTA OVIEDO	R. OVIEDO AFICIONADO OVIEDO
OVIEDO F.C. OVIEDO	PUMARIN C.F. OVIEDO	SPORTIVA C. OVETENSE OVIEDO	C.D. COVADONGA OVIEDO	C.D. COVADONGA 2020 OVIEDO	S.D.R. SAN LAZARO OVIEDO	U.D.SAN CLAUDIO OVIEDO	REAL JUVENCIA C.F. TRUBIA - OVIEDO
C. HISPANO CASTRILLON PIEDRAS BLANCAS	DEPORTIVA PILOÑESA INFIESTO - PILOÑA	S.D. LENENSE POLA DE LENA	REAL TITANICO 1912 POLA DE LAVIANA	REAL TITANICO POLA DE LAVIANA	URRACA C.F. POSADA DE LLANES	C.D. PRAVIANO PRAVIA	RIBADESELLA C.F. RIBADESELLA
U.D. SAN ESTEBAN DE PRAVIA	E.I.SAN MARTIN DEL REY AURELIO	C.D. SAN MARTIN SOTRONDIO	U.D.REY AURELIO SOTRONDIO	U.D. SAN MARTIN SOTRONDIO	U.D.SAN CLAUDIO SAN CLAUDIO	C.D.LA MADALENA STA EULALIA MORCIN	C.D. SANTIAGO CARBAYIN – SIERO
ATLETICO LUGONES C.F. LUGONES - SIERO	ATCO LUGONES S.D. LUGONES – SIERO	CLUB SIERO POLA DE SIERO - SIERO	C.D. LIERES LIERES - SIERO	VALDESOTO C.F. VALDESOTO - SIERO	SOMIO C.F. SOMIO – GIJON	REAL TAPIA C.F. TAPIA DE CASARIEGO	C.D.TINEO TINEO
C.D. TRASONA TRASONA - CORVERA	C.D. TUILLA TUILLA – LANGREO	C.D. TURON TURON -MIERES	C.D.VALLOBIN VALLOBIN	C.D.LEALTAD VILLAVICIOSA	ASTURIAS		

FEDERACIÓN BALEAR

F.F.I.BALEARES	FORMENTERA	S.D. FORMENTERA SANT FRANCESC	IBIZA	S.D. IBIZA IBIZA	S.E. EIVISSA – IBIZA IBIZA	S.E. EIVISSA – IBIZA B IBIZA	S.D. IBIZA ATLETICO IBIZA
C.D.IBIZA ISLAS PITIUSAS-IBIZA	CIUDAD DE IBIZA C.F. IBIZA	U.D. ATLÉTICO ISLEÑO IBIZA	U.D.IBIZA – EIVISSA IBIZA	P.E.SANT JORDI IBIZA	C.F.HOSPITALET ISLA BLANCA - IBIZA	INTER IBIZA C.D. IBIZA	PENYA INDEPENDENT SE S.MIGUEL DE BALANSAT
SAN RAFEL-IBIZA F.C. SANT RAFEL DE SA CREU	C.F. SANT RAFEL SANT RAFEL DE SA CREU	S.D. PORTMANY SANT ANTONI	PEÑA DEPORTIVA SANTA EULALIA	S.C.D. PEÑA DEPORTIVA SANTA EULARIA	MALLORCA	C.D.ALARO ALARÓ	U.D.ALARO ALARÓ
U.D.ALCUDIA ALCUDIA	U.E.ALCUDIA ALCUDIA	C.E.ANDRATX ANDRATX	C.D.ANDRAITX ANDRATX	U.D.ANDRATX ANDRATX	C.D.ARTA ARTA	C.E.ARTA ARTA	C.D.BINISSALEM BINISSALEM
C.D.CALA D' OR CALA D' OR	C.D.CALVIÁ CALVIÁ	C.D.CAMPOS CAMPOS	C.E.CAMPOS CAMPOS	S.C.D.INDEPENDIENTE CAMP REDO	C.D.ESPORLAS ESPORLES	C.E.ESPORLES ESPORLES	C.E.ESCOLAR CAPDEPERA
C.D.FELANITX FELNITX	C.E.FELANITX FELANITX	C.D.CONSTANCIA INCA	C.D.JUVENTUD SALLISTA INCA	C.D.LLOSETENSE LLOSETAS	C.D. ESPAÑA LLUCMAJOR	C.E. ESPANYA LLUCMAJOR	U.D. SON VERÍ LLUCMAJOR
C.F.PLATGES DE CALVIÁ MAGALUF	C.F.PALMA NOVA PLAYAS DE CALVIÁ	C.D.MAGANOVA JOVE MAGALUF	C.D.MANACOR MANACOR	F.C. INTER MANACOR MANACOR	C.E. MONTAURA MANCOR DE LA VALL	C.D. MONTUIRI MONTUIRI	C.D. MURENSE MURO
R.C.D.MALLORCA PALMA DE MALLORCA	R.C.D.MALLORCA B PALMA DE MALLORCA	R.C.D.MALLORCA ATCO PALMA DE MALLORCA	C.D MALLORCA PALMA DE MALLORCA	C.D.ATLETICO RAFAL PALMA DE MALLORCA	U.D.ROTLET MOLINAR PALMA DE MALLORCA	U.P.SANTA CATALINA PALMA DE MALLORCA	C.D.SOLEDAD PALMA DE MALLORCA

FEDERACIÓN BALEAR

C.D. AT. BALEARES PALMA DE MALLORCA	C.F. GENOVA PALMA DE MALLORCA	C.D.SON ROCA PALMA DE MALLORCA	C.F.PALMA PALMA DE MALLORCA	A.D.SON SARDINA PALMA DE MALLORCA	U.D.SON OLIVA PALMA DE MALLORCA	S.C.PEÑYA ARRABAL PALMA DE MALLORCA	C.D.SON CLADERA PALMA DE MALLORCA
U.D. COLLERENSE PALMA DE MALLORCA	STA.CATALINA ATCO. PALMA DE MALLORCA	C.D. RECREATIVO LA VICTORIA-PALMA	C.D.PAGUERA PAGUERA	C.D.CADE PAGUERA PAGUERA	U.E.PETRA PETRA	C.F.POLLENÇA POLLENÇA	PORTO CRISTO C.F. PORTO CRISTO
U.D.PORRERAS PORRERES	U.E.PORRERES PÒRRERES	U.D.ARENAL S'ARENAL	U.E. ARENAL S'ARENAL	U.D. POBLENSE SA POBLA	C.D. SANT JORDI SANT JORDI	C.D. CARDASSAR SANT LLORENC	C.E.CARDASSAR SANT LLORENC
C.D. MARGARITENSE SANTA MARGALIDA	R.C.D.SANTA PONSA SANTA PONÇA	C.D.SANTA PONSA SANTA PONÇA	C.D SANTANYI SANTANYI	C.E.SANTANYI SANTANYI	C.D.A.SES SALINES SES SALINES	C.F.SOLLER SOLLER	C.F.SON FERRER SON FERRER
C.D.FERRIOLENC SON FERRIOL	C.D.FERRIOLENSE SON FERRIOL	C.D.SERVERENSE 2021 SON SERVERA	C.D. SERVERENSE SON SERVERA	C.D. BADIA CALA MILLOR-SON SERVERA	C.D.XILVAR SELVA	C.F. VILAFRANCA BONANY	MENORCA
C.D.ALAYOR ALAIOR	C.E.ALAIOR ALAIOR	ATLETIC CIUTADELLA CD CIUTADELLA	C.D.CIUDADELA CIUTADELLA	PENYA CIUTADELLA DEP CIUTADELLA	C.D.MINERVA CIUTADELLA	ATLETICO VILLACARLOS ES CASTELL	C.D.MERCADAL ES MERCADAL
C.E.MERCADAL ES MERCADAL	C.D.FERRERIAS FERRERIES	C.E.FERRERIES FERRERIES	C.F.NORTEÑO – FORNELLS	C.D SP.MAHONES MAHON	C.F.SP.MAHONES MAHON	C.ATLETICO MAHONES MAHON	C.D.MENORCA MAHON
C.D ISLEÑO MAHON	U.D.MAHON MAHON	U.S.MAÓ MAHON	U.D. SEISLAN MAHON	F.F.I.BALEARES			

FEDERACIÓN CANARIA

CANARIAS	**FED. LAS PALMAS**	**FUERTEVENTURA**	C.F.UNIÓN ANTIGUA ANTIGUA	C.D.EL COTILLO 2011 EL COTILLO	C.D.EL COTILLO EL COTILLO	U.D.GRAN TARAJAL GRAN TARAJAL	U.D.PÁJARA–PLAYAS JANDIA
C.D.LA OLIVA LA OLIVA	C.D.CORRALEJO 1975-04 CORRALEJO-LA OLIVA	C.D.CORRALEJO 2005-13 CORRALEJO-LA OLIVA	U.D. FUERTEVENTURA PUERTO DEL ROSARIO	C.D.LA CUADRA UNION PUERTO DEL ROSARIO	C.D. HERBANIA PUERTO DEL ROSARIO	U.D.LA PARED TUINEJE	**GRAN CANARIA**
U.D. AGAETE AGAETE	C.D.ARGUINEGUIN ARGUINEGUIN	ARUCAS C.F. ARUCAS	C.D.DORAMAS AGÜIMES	U.D. BALOS BARRANCO DE BALOS	CASTILLO C.F.SAN BARTOLOMÉ TIRAJANA	C.F. UNIÓN CARRIZAL CARRIZAL	C.D. UNIÓN MORAL GALDAR
U.D. GALDAR GALDAR	U.D.ATALAYA LA ATALAYA	U.D. LAS PALMAS LAS PALMAS DE G.C.	U.D. LAS PALMAS B LAS PALMAS DE G.C.	U.D. LAS PALMAS AT. LAS PALMAS DE G.C.	R.C. VICTORIA LAS PALMAS DE G.C.	ARTESANO F.C. LAS PALMAS DE G.C.	REAL ARTESANO F.C. LAS PALMAS DE G.C.
FERRERAS C.F. LAS PALMAS DE G. C.	RACING CLUB LAS PALMAS DE G.C.	REAL SP. SAN JOSÉ LAS PALMAS DE G. C.	A.D. HURACÁN LAS PALMAS DE G.C.	ATLÉTICO SCHAMANN LAS PALMAS DE G.C.	C.F. UNION VIERA LAS PALMAS DE G.C.	U.D. LAS TORRES LAS PALMAS DE G. C.	U.D. SAN ANTONIO LAS PALMAS DE G.C.
UNIÓN CHILE C.F. LAS PALMAS DE G. C.	UNIVERSIDAD DE LAS PALMAS DE G.CANARIA	UNIVERSIDAD B LAS PALMAS DE G. C.	U.D.SAN FERNANDO S.BARTOLO.TIRAJANA	U.D.SAN FERNANDO 2022 MASPALOMAS	C.D. MASPALOMAS MASPALOMAS	C.D. LA ANGOSTURA STA. BRÍGIDA	S.D. SANTA BRÍGIDA SANTA BRÍGIDA
C.D. VILLA SANTA BRÍGIDA	U.D. VILLA SANTA BRÍGIDA	U.D. VILLA SANTA BRIGIDA B	U.D. GUIA STA MARIA DE LA GUIA	ESTRELLA C.F. SARDINA DEL SUR	ESTRELLA C.F. 2022 SARDINA DEL SUR	C.D.TABLERO EL TABLERO	U.D.TAMARACEITE TAMARACEITE
U.D.TELDE TELDE	C.F. UNIÓN MARINA TELDE	U.D. TEROR BALOMPIÉ TEROR	C.D.SAN PEDRO MÁRTIR VECINDARIO	U.D. VECINDARIO VECINDARIO	C.F.PANADERIA PULIDO VEGA DE SAN MATEO	**LANZAROTE**	HARIA C.F. RINCON DE AGANADA

FEDERACIÓN CANARIA

U.D. LANZAROTE ARRECIFE	C.D.ORIENTACN MARITIMA-ARECFE	C.D. TEGUISE TEGUISE	C.D. UNIÓN SUR YAIZA YAIZA	FED. TINERFEÑA	LA GOMERA	U.D.GOMERA SAN SEBASTIAN	EL HIERRO
U.D.VALLE FRONTERA FRONTERA	LA PALMA	U.D.LOS LLANOS DE ARIDANE	U.D. ARIDANE LOS LLANOS D.ARIDANE	C.D. ATLÉTICO PASO EL PASO	C.D. MENSAJERO STA CRUZ DE LA PALMA	S.D. TENISCA STA CRUZ DE LA PALMA	TENISCA C. BALOMPIÉ STA CRUZ DE LA PALMA
U.D. SAN ANDRÉS Y SAUCES	U.D. TIJARAFE TUARAFE	C.D. VICTORIA TAZACORTE	TENERIFE	S.D.ÁGUILAS ATLÉTICO ADEJE	ATLÉTICO ARONA ARONA	C.D.BUZANADA ARONA	U.D.IBARRA ARONA
TENERIFE SUR IBARRA ARONA	C.D.I'GARA ARONA	C.D. MARINO LOS CRISTIANOS-ARONA	C.D. MARINO PLAYA DE LAS AMERICAS-ARONA	C.D.GARA GARACHICO	C.D.SAN ISIDRO GRANADILLA DE ABONA	C.D. RAQUI SAN ISIDRO GRANADILLA DE ABONA	ATLÉTICO GRANADILLA GRANADILLA DE ABONA
C.D.CHARCO DEL PINO GRANADILLA DE ABONA	U.D.GÜIMAR GÜIMAR	ATLÉTICO UNIÓN GÜIMAR	U.D.ICODENSE ICOD DE LOS VINOS	U.D. ESPERANZA LA ESPERANZA	A.D. LAGUNA LA LAGUNA	C.D. LAGUNA LA LAGUNA	C.D.ESTRELLA LA LAGUNA
U.D.OROTAVA LA OROTAVA	U.D. LAS ZOCAS SAN MIGUEL DE ABONA	U.D.CRUZ SANTA LOS REALEJOS	U.D.REALEJOS LOS REALEJOS	C.JUVENTUD SILENSE LOS SILOS	C.D.PUERTO CRUZ PUERTO DE LA CRUZ	C.D.VERA PUERTO DE LA CRUZ	AVIACAR C.D.VERA PUERTO DE LA CRUZ
U.D.TACORONTE TACORONTE	C.AT.TACORONTE TACORONTE	U.D.TEGUESTE TEGUESTE	C.D.UNIÓN TEJINA TEJINA	C.D.SAN MIGUEL SAN MIGUEL DE ABONA	CD.SANTA ÚRSULA 2022 SANTA ÚRSULA	C.D.SANTA ÚRSULA SANTA ÚRSULA	ATLÉTICO VICTORIA DE ACENTEJO
C.D.TENERIFE SANTA CRUZ	C.D.TENERIFE B SANTA CRUZ	C.D.TENERIFE AFICIONADOS	C.D.SAN ANDRÉS SANTA CRUZ	U.D.SALUD SANTA CRUZ	REAL UNIÓN TENERIFE SANTA CRUZ	C.F.TOSCAL SANTA CRUZ	F.CANARIA F.

F.CASTELLANO MANCHEGA

F.F.C.LA MANCHA	ALBACETE	ALBACETE FOOTBALL C. ALBACETE	ALBACETE BALOMPIE ALBACETE	ALBACETE BALOMPIE B ATLETICO ALBACETE	C. ATLETICO ALBACETE ALBACETE	U.D.ALBACETENSE ALBACETE	C.F.E.ESCUELA F.ZON 5 ALBACETE
C.D.ALMANSA ALMANSA	S.D.ALMANSA ALMANSA	A.P.ALMANSA ALMANSA	U.D.ALMANSA ALMANSA	C.D.HURACAN DE BALAZOTE	A.D.HELLIN 1967 HELLIN	C.D.HELLIN 1976 HELLIN	HELLIN DEPORTIV.1990 HELLIN
HELLIN DEPORTIV. 1998 HELLIN	BAKU HELLIN DEPVO. HELLIN	C.ATLETICO IBAÑES CASAS DE IBAÑES	LA GINETA C.F. LA GINETA	C.D. LA RODA LA RODA	LA RODA C.F. LA RODA	LA RODA C.F.2005 LA RODA	MADRIGUERAS C.F. MADRIGUERAS
MADRIGUERAS U.D. MADRIGUERAS	C.D. VILLARROBLEDO VILLARROBLEDO	C.P. VILLARROBLEDO VILLARROBLEDO	MUNERA C.F. MUNERA	C. ATLETICO TARAZONA TARAZONA	CIUDAD REAL	C.D. CIUDAD REAL CIUDAD REAL	ALCAZAR C.F. ALCAZAR DE SAN JUAN
GIMNASTICO ALCAZAR C.F. ALCAZAR S. JUAN	C.F.GIMNASTICO ALCAZAR DE SAN JUAN	ASKAR C.F. ALCAZAR DE SAN JUAN	ALMAGRO C.F. ALMAGRO	C.D. BOLAÑEGO BOLAÑOS CALATRAVA	C.D.U. CRIPTANENSE CAMPO DE CRIPTANA	U.D.CARRION CARRION D CALATRAVA	C. ATLETICO CIUDAD REAL
C.D. MANCHEGO 1929 CIUDAD REAL	C.D.MANCHEGO C.REAL 2009 CIUDAD REAL	MANCHEGO CIUDAD 2003 REAL C.F.	MANCHEGO C.F.2000 CIUDAD REAL	DAIMIEL C.F. DAIMIEL	DAIMIEL RACING C.F. DAIMIEL	DAIMIEL RACING C. DAIMIEL	HERENCIA C.F. HERENCIA
C.F. LA SOLANA LA SOLANA	ATLETICO TERESIANO MALAGON	MANZANARES C.F. MANZANARES	C.D. MIGUELTURREÑO MIGUELTURRA	MIGUELTURREÑO C.D. MIGUELTURRA	PEDRO MUÑOZ C.F. PEDRO MUÑOZ	AT. PEDRO MUÑOZ CF PEDRO MUÑOZ	C.D. PIEDRABUENA PIEDRABUENA
U.D.PUERTOLLANO PUERTOLLANO	C.D.PUERTOLLANO PUERTOLLANO	PUERTOLLANO INDUSTR PUERTOLLANO	C. AT. CALVO SOTELO PUERTOLLANO	C.D. CALVO SOTELO PUERTOLLANO	C.F. CALVO SOTELO PUERTOLLANO	C.D.B. CALVO SOTELO PUERTOLLANO	PUERTOLLANO C.F. PUERTOLLANO

F.CASTELLANO MANCHEGA

C.D. PUERTOLLANO CS PUERTOLLANO	C.D. PUERTOLLANO B PUERTOLLANO	YUGO U.D. SOCUELLAMOS	TOMELLOSO C.F. TOMELLOSO	ATLETICO TOMELLOSO TOMELLOSO	AT. TOMELLOSO C.F TOMELLOSO	TOMELLOSO C.F. TOMELLOSO	VILLARRUBIA C.D VILLAR. DE LOS OJOS
VALDEPEÑAS C.F. VALDEPEÑAS	C.D. VALDEPEÑAS VALDEPEÑAS	CUENCA	C.D. CUENCA CUENCA	BELMONTE C.F. BELMONTE	A.D. CAMPILLO DE ALTOBUEY	U.B. CONQUENSE CUENCA	U.B. CONQUENSE B CUENCA
A.D.SAN JOSE OBRERO CUENCA	C.D. PEDROÑERAS LAS PEDROÑERAS	C.D. QUINTANAR DE REY QUINTANAR DEL REY	C.F. MOTA DEL CUERVO MOTA DEL CUERVO	MOTILLA C.F.-MOTILLA DEL PALANCAR	A.D.SAN CLEMENTE SAN CLEMENTE	A.D. TARANCON TARANCON	C.D.TARANCON TARANCON
GUADALAJARA	C.D.GUADALAJARA GUADALAJARA	C.D.GUADALAJARA 2022 GUADALAJARA	A.D.HOGAR ALCARREÑO GUADALAJARA	C.D.AZUQUECA 1971 AZUQUECA DE HENARES	C.D.AZUQUECA AZUQUECA DE HENARES	C.D.MARCHAMALO MARCHAMALO	C.D.SIGÜENZA SIGÜENZA
SP. CABANILLAS F.C. CABANILLAS DE CAMPO	TOLEDO	C.D.TOLEDO TOLEDO	C.D.TOLEDO B TOLEDO	C.D. CARRANQUE CARRANQUE	C.D. COBEJA COBEJA	C.ATLETICO CONSUEGRA	C.D.E.CHOZAS DE CANALES
AT.ESQUIVIAS C.F. ESQUIVIAS	C.D.E.FUENSALIDA FUENSALIDA	C.D.ILLESCAS ILLESCAS	C.D.LOS YEBENES LOS YEBENES	C.D.MADRIDEJOS MADRIDEJOS	MORA C.F. MORA	C.D. PORTILLO PORTILLO	C.D.QUINTANAR QUINTANAR D.L. ORDEN
C.D.QUINTANAR 1998 QUINTANAR D L ORDEN	SPORTING QUINTANAR QUINTANAR D.L. ORDEN	U.D. SANTA BARBARA TOLEDO	C.D.SONSECA SONSECA	TALAVERA C.F. TALAVERA DE LA REINA	TALAVERA C.F. B TALAVERA DE LA REINA	C.F. TALAVERA TALAVERA DE LA REINA	C.F. TALAVERA B TALAVERA DE LA REINA
U.D. TALAVERA TALAVERA DE LA REINA	A.D.TORPEDO 66 C.F. CEBOLLA DE TAJO	C.D.TORRIJOS TORRIJOS	C.D.VILLACAÑAS – MAVISA	C.D.VILLACAÑAS VILLACAÑAS	C.D.VISEL VILLACAÑAS VILLACAÑAS	YEPES C.F. YEPES	C.D.YUNCOS YUNCOS

F.CASTILLA LEÓN

CASTILLA - LEON	**ÁVILA**	REAL ÁVILA C.F. ÁVILA	ÁVILA C.F. ÁVILA	C.D.COLEGIOS DIOCESANOS-ÁVILA	CULTU. Y D. CEBREREÑA CEBREROS	A.D. LAS NAVAS DEL MARQUES	**BURGOS**
GIMN. BURGALESA BURGOS	BURGOS C.F.1948 BURGOS	BURGOS PROMESAS C.F. BURGOS	REAL BURGOS C.F. BURGOS	BURGOS C.F.1994 BURGOS	BURGOS C.F. B BURGOS	BURGOS C.F.PROMESAS BURGOS	CD BURGOS PROMESAS BURGOS
C. ATLETICO BURGALES BURGOS	C.D.BURGOS C.F. BURGOS	C.D.BEROIL BUPOLSA BURGOS	BURGOS U.D. BURGOS	U.D.GRUPO RIO VENA BURGOS	C.D.JUVENTUD CIRCULO CATOLICO - BURGOS	CIRCULO D.SAN JUAN BURGOS	ARANDINA C.F. ARANDA DE DUERO
GIMN. ARANDINA C.F. ARANDA DE DUERO	C.F.BRIVIESCA BRIVIESCA	RACING LERMEÑO C.F. LERMA	C.D.MIRANDES MIRANDA DE EBRO	C.D.MIRANDES B MIRANDA DE EBRO	C.P. SALAS SALAS DE LOS INFANTES	C.D. TARDAJOS TARDAJOS	**LEÓN**
CULTURAL Y D.LEONESA LEÓN	C.D.LEONESA PROMESA LEÓN	CULTURAL LEONESA LEÓN	JUPITER LEONES CULT.B LEÓN	C.F.JUPITER LEONES LEÓN	CULTURAL DE LEON C.F. LEÓN	C.LEONES LEÓN	D. MAESTRANZA AEREA LEÓN
ATLETICO ASTORGA C.F. ASTORGA	C.D.ASTORGA ASTORGA	C.ATLETICO BEMBIBRE BEMBIBRE	U.D.CACABELENSE CACABELOS	C.D. EJIDO EJIDO	S.D. FABERO FABERO DEL BIERZO	LA BAÑEZA F.C. LA BAÑEZA	LA BAÑEZA F.C. 1956 LA BAÑEZA
CD.L VIRGEN CAMINO VIRGEN DEL CAMINO	S.D. PONFERRADINA PONFERRADA	S.D. PONFERRADINA B PONFERRADA	G.E. ENDESA PONFERRADA	CF PROMESAS PONFERRADA	C.D.SAN PEDRO PONFERRADA	S.D.HULLERAS DE SABERO	S.D.HULLERA V- L STA LUCIA DE GORDON

F.CASTILLA LEÓN

TORENO C.D. TORENO DEL SIL	C.D.HURACAN Z TROBAJO DEL CAMINO	S.D.C.COYANZA VALENCIA DE DON JUAN	C.D.LACIANA VILLABLINO	PALENCIA	PALENCIA C.F 1960 PALENCIA	PALENCIA C de.F.1968 PALENCIA	PALENCIA C.F. PALENCIA
C.F.PALENCIA CRISTO OLIMPICO	PALENCIA C.F. 2013 PALENCIA	C.D.PALENCIA 2011 PALENCIA	C.D.PALENCIA 1929 PALENCIA	C.D.PALENCIA CRISTO ATLETICO	C.D.CRISTO OLIMPICO PALENCIA	C.F.CRISTO ATLETICO PALENCIA	ATLETICO C. PALENCIA PALENCIA
D. FABRICA NACIONAL PALENCIA	C.D.CASTILLA-PALENCIA PALENCIA	S.D.U.CASTILLA PALENCIA	C.D.AGUILAR AGUILAR DE CAMPOO	C.D.BECERRIL BECERRIL DEL CAMPOS	C.D.HERRERA HERRERA DEL PISUERGA	C.D.GUARDO GUARDO	C.D.VELILLA DE RIO CARRION
C.D.VENTA DE BAÑOS VENTA DE BAÑOS	C.F.VENTA DE BAÑOS VENTA DE BAÑOS	C.D.VILLAMURIEL VILLAMURIEL	SALAMANCA	U.D. SALAMANCA SALAMANCA	U.D. SALAMANCA B SALAMANCA	SALAMANCA C.F.UDS SALAMANCA	SALAMANCA C.F.UDS B SALAMANCA
C.F.SALMANTINO U.D.S SALAMANCA	C.D. SALMANTINO SALAMANCA	UNIONISTAS C.F. SALAMANCA	REAL MONTERREY C.F. SALAMANCA	R.C.D. RIBERT SALAMANCA	C.D. RIBERT SALAMANCA	C.ANT. AL SALESIANOS SALAMANCA	AA.VV.BARRIO SAN JOSE SALAMANCA
C.D. BEJAR INDUSTRIAL BEJAR	U.D. BEJARANA BEJAR	CIUDAD RODRIGO C.F. CIUDAD RODRIGO	C.D. GUIJUELO GUIJUELO	C.D. PEÑARRANDA BRACAMONTE	U.D.SANTA MARTA S.M.DE TORMES	U.D. SANTA MARTA DEL TORMES	SEGOVIA
S.D.GIMNASTICA SEGOVIANA	UNAMI C.F. SEGOVIA	UNAMI C.P. 2022 SEGOVIA	D.AREVALO E HIJOS SEGOVIA	CUELLAR C.F. CUELLAR	C.D.CUELLAR BALOMPIE CUELLAR	C.D.LA GRANJA SAN ILDEFONSO	C.D.NAVA MOLDURAS NAVA DE LA ASUNCION

F.CASTILLA LEÓN

C.PARROQUIAL MONTERESMA-ERESMA	C.P.WHISKY DYC PALAZUELOS D.ERESMA	SORIA	C.D.NUMANCIA SORIA	C.D.NUMANCIA B SORIA	C.D.SAN JOSE DE SORIA SORIA	S.D.ALMAZAN ALMAZAN	S.D.COVALEDA COVALEDA
GARRAY C.F. GARRAY	NORMA S.LEONARDO C.F.-SAN LEONARDO	SPORTING C.UXAMA EL BURGO DE OSMA	VALLADOLID	R.VALLADOLID D. 1928 VALLADOLID	VALLADOLID DEPORT. VALLADOLID	R.VALLADOLID C.F. VALLADOLID	R. VALLADOLID PR. VALLADOLID
R. VALLADOLID DEP. B VALLADOLID	REAL VALLADOLID 2022 VALLADOLID	R. VALLADOLID B 2022 VALLADOLID	C.D.ALAS AMAIKA VALLADOLID	BETIS C.F. VALLADOLID	RTVO EUROPA DELICIAS VALLADOLID	C.D.FASA VALLADOLID	G.E.RENAULT VALLADOLID
C.D.MIGUEL DE PRADO VALLADOLID	C.D.JUPITER VALLADOLID	A.A. SALESIANOS VALLADOLID	C.D.UNIVERSITARIO VALLADOLID	C.D. BOECILLO BOECILLO	C.D. BOECILLO BOECILLO	C.D. ISCAR ISCAR	C.D. ISCAR INDUSTRIAL ISCAR
C.D. LOS GATOS ISCAR ISCAR	C.D.LAGUNA LAGUNA DE DUERO	S.D.GIMN. MEDINENSE MEDINA DEL CAMPO	C.D.OLMEDO OLMEDO	C.D.VILLA SIMANCAS SIMANCAS	ATLETICO TORDESILLAS TORDESILLAS	ZAMORA	ZAMORA C.F. ZAMORA
C.D.JUVENIL ZAMORA	C.ATLETICO ZAMORA ZAMORA	C.D.BENAVENTE BENAVENTE	U.D.TORESANA TORO	G.C.E.VILLARALBO F.C. VILLARALBO	C.D.VILLARALBO VILLARALBO	CASTILLA - LEON	

FEDERACIÓN CATALANA

BARCELONA	F.C. BARCELONA BARCELONA	C. de F. BARCELONA BARCELONA	C.F. BARCELONA BARCELONA	F.C. BARCELONA B BARCELONA	F.C. BARCELONA AT. BARCELONA	F.C. BARCELONA C BARCELONA	FC BARCELONA AMATEUR-BARCELONA
BARCELONA ATLÉTICO BARCELONA	CATALUNYA F.C. BARCELONA	ATL. CATALUÑA C.F. BARCELONA	C.D.CATALUÑA L'CORTS BARCELONA	F.C. BADALONA 1908 BADALONA	C.F. BADALONA 1913 BADALONA	C.F. BADALONA BADALONA	U.E. BADALONI BADALONA
ARTIGUENSE U.D. BADALONA	C.D.CONDAL BARCELONA	SEC. D.LA ESPAÑA INDL. BARCELONA	R.C.D.ESPANYOL BARCELONA	R.C.D.ESPANYOL B BARCELONA	R.C.D.ESPAÑOL BARCELONA	R.C.D.ESPAÑOL B BARCELONA	U.ATLETICA HORTA BARCELONA
C.D.EUROPA BARCELONA	C.E.EUROPA BARCELONA	C.D.FABRA COATS BARCELONA	E.E.GUINEUETA C.F. BARCELONA	C.ATLETICO IBERIA BARCELONA	C.D.JUPITER BARCELONA	C.E.JUPITER BARCELONA	C.F.MONTAÑESA BARCELONA
C.ATL.PUEBLO NUEVO BARCELONA	U.D.PUEBLO NUEVO BARCELONA	U.D.PUEBLO SECO BARCELONA	C.D.SAN ANDRES BARCELONA	U.E.SANT ANDREU BARCELONA	U.D.SAN MARTIN BARCELONA	F.C.MARTINENC BARCELONA	C.D.SANTS BARCELONA
U.E.SANTS BARCELONA	C.E.BERGA BERGA	CALELLA C.F. CALELLA	U.D.CANOVELLAS CANOVELLES	U.D.CASTELLDEFELS CASTELLDEFELS	UE CASTELLDEFELS-MI APUESTA	U.D.CERDANYOLA CERDANYOLA D VALLES	CERDANYOLA F.C. CERDANYOLA D'VALLES
U.E.CORNELLA CORNELLA LLOBREGAT	U.E.CORNELLÁ 2021 CORNELLÁ LLOBREGAT	U.E.CORNELLÁ 2022 CORNELLÁ LLOBREGAT	C.D.MASNOU EL MASNOU	A.E.PRAT EL PRAT DE LLOBREGAT	U.E.ESPLUGUES ESPLUGUES LLOBREGAT	C.F.GAVA GAVA	C.F.ATL GIRONELLA GIRONELLA
GRANOLLERS S.C. GRANOLLERS	C.D.GRANOLLERS GRANOLLERS	E.C.GRANOLLERS GRANOLLERS	E.C.GRANOLLERS 2019 GRANOLLERS	C.F.IGUALADA IGUALADA	CENTRO DEP.HOSPITALET	CENTRE d'E. L'HOSPITALET	CENTRE d'E. L'HOSPITALET 2022

FEDERACIÓN CATALANA

U.D.HOSPITALET L' HOSPITALET	C.F.HERCULES L' HOSPITALET	C.D.SANTA EULALIA L' HOSPITALET	A.D.C.MANLLEU MANLLEU	A.E.C.MANLLEU MANLLEU	C.D. MALGRAT MALGRAT DE MAR	CENTRO DEP.MANRESA MANRESA	CENTRE d' E.MANRESA MANRESA
U.D.CERDANYOLA DE MATARO	C.D.MATARO MATARO	C.E.MATARO MATARO	C.D.MOLINS MOLINS DE REI	C.F.MOLLET MOLLET DEL VALLES	C.D.MONCADA MONTCADA I REIXAC	C.F.OLESA OLESA DE MONTSERRAT	C.E.PREMIA PREMIA DE MAR
C.E.RICOH PREMIA PREMIA DE MAR	C.D.PUIGREIG PUIGREIG	U.E.RUBI RUBI	CENTRO D.SABADELL FC SABADELL	CENTRE 'E.SABADELL FC SABADELL	CENTRE 'E.SABADELL B SABADELL	C.GIMNASTI.MERCANTIL SABADELL	C.D.SALLENT SALLENT
C.D.ADRIANENSE SANT ADRIA DEL BESOS	F.C.SAMBOIA SANT BOI D''LLOBREGAT	C.F. SAMBOYANO SANT BOI D'LLOBREGAT	C.D. SAN CELONI SANT CELONI	C.D. SAN CUGAT DEL VALLES	SANYFELIUENC FC. SANT FELIU LLOBREGAT	UNIÓ ESPORTIVA SANT JOAN DESPÍ	F.E. GRAMA STA.COLOMA GRAM.
U.D. ATCA GRAMANET SANTA COLOMA	U.D.ATICA GRAMANET B SANTA COLOMA	C.D.TARRASA TERRASSA	TARRASSA F.C. 1906 TERRASSA	TERRASSA F.C. TERRASSA	TERRASSA OLIMPICA TERRASA	C.P.SAN CRISTOBAL TERRASSA	C.P.SAN CRISTOBAL TARRASA
C.D.AGUT TERRASSA	U.E.TONA TONA	VICH F.C. VIC	U.D.VICH VIC	U.E.VIC VIC	F.C. VILAFRANCA DEL PENEDES	C.F. VILLAFRANCA DEL PENEDES	C.F.VILLANUEVA VILANOVA I LA GELTRU
C.F.VILANOVA VILANOVA I LA GELTRU	U.E.VILASSAR VILASSAR DE MAR	GIRONA	GERONA C.F. GERONA	GIRONA F.C.2022 GIRONA	GIRONA F.C. B 2022 GIRONA	GIRONA F.C. GIRONA	GIRONA F.C B GIRONA
C.D.BAÑOLAS BAÑOLAS	C.E.BANYOLES BANYOLES	C.D.BLANES BLANES	U.D.CASSA CASA DE LA SELVA	FUNDACION ESP.FIGUERES	U.D.FIGUERAS FIGUERAS	U.E.FIGUERAS FIGUERAS	C.F.GUIXOLS SANT FELIU DE GUIXOLS

FEDERACIÓN CATALANA

ATENEU D.GUIXOLS SANT FELIU DE GUIXOLS	U.E.LA JONQUERA LA JUNQUERA	U.D.LLAGOSTERA LLAGOSTERA	LLAGOSTERA U.D. LLAGOSTERA	U.E.COSTA BRAVA LLAGOSTERA	C.F.LLORET LLORET DE MAR	U.D.OLOT OLOT	U.E.OLOT OLOT
PALAFRUGUELL C.F. PALAFRUGUELL	PALAFRUGUELL F.C. PALAFRUGUELL	PALAMOS C.F. PALAMOS	C.F.PERALADA PERALADA	RIPOLL C.F. RIPOL	F.C.CRISTINENC SANTA CRISTINA D´ARO	U.E.MIAPUESTA VILAJÜIGA	VILOBI C.F. VILOBI D´OÑAR
LLEIDA	U.D. LERIDA LLEIDA	U.E. LLEIDA LLEIDA	C. LLEIDA ESPORTIU LLEIDA	LERIDA BALOMPIE LERIDA	A.D. BALAGUER BALAGUER	C.F. BALAGUER BALAGUER	F.C. BENAVENT BENAVENT DE SEGRIA
C.F.J. MOLLERUSSA MOLLERUSSA	C.D. OLIANA OLIANA	U.D. SEO DE URGELL LA SEU D´URGELL	U.E. TARREGA TARREGA	C.F. TARREGA TARREGA	TARRAGONA	C.GIMNASTIC TARRAGONA	C.F.AMPOSTA AMPOSTA
F.C.ASCÓ ASCO	C.D.LA CAVA LA CAVA	C.D.MORELL EL MORELL	POBLA DE MAFUMET CF POBLA DE MAFUMET	C.F.POBLA DE MAFUMET	REUS DEPORTIVO REUS	C.F.REUS DEPORTIVO REUS	C.F.REUS REUS
C.F.REUS B REUS	C.AT. RODA DE BARA RODA DE BARA	U.D.RAPITENSE S. CARLES DE LA RAPITA	U.E.RAPITENÇA S. CARLES DE LA RAPITA	C.D.TORTOSA TORTOSA	U.E. VALLS VALLS	F. CATALANA F.	
F. CATALANA F.	ANDORRA	F.C. ANDORRA 2021 ANDORRA LA VELLA	F.C. ANDORRA ANDORRA LA VELLA	R.F.E.F.			

EUSKADI F.F

EUSKADI	**ALAVA**	C.D.ALEGRIA ALEGRIA	AMURRIO CLUB AMURRIO	C.D.BETOÑO ELGORRIAGA	C.D.FUNDACIÓN ELGORRIAGA	C.D.LLODIO SALLEKO LLODIO	C.D.LAUDIO LLODIO
S.D.LLODIO LLODIO	C.D.VILLOSA LLODIO	S.D.SALLEKO LAGUNAK LLODIO	S.D.OYONESA OYON	S.D.SALVATIERRA SALVATIERRA	C.D.AURRERA DE VITORIA	C.D.AURRERA B VITORIA	A.D.C.ABETXUCO VITORIA
C.D.ALAVÉS VITORIA	C.D.ALAVÉS VITORIA	C.D.ALAVÉS B VITORIA	C.D.ALAVÉS AFICIONADOS	DEPORTIVO ALAVÉS VITORIA	DEPORTIVO ALAVÉS B VITORIA	DEPORTIVO ALAVÉS C VITORIA	DEPORTIVO ALAVÉS 2021 VITORIA
DEPORTIVO ALAVÉS B 2021 VITORIA	S.D.BRUNO VILLARREAL VITORIA	C.D.JUVENTUS VITORIA	C.F.SAN IGNACIO VITORIA	URGATZI K.K. VITORIA	C.D.ARIZNAVARRA VITORIA	C.D.VITORIA VITORIA	**GUIPUZCOA**
S.D.EUSKALDUNA ANDOAIN	U.D.ARETXABALETA ARETXABALETA	MONDRAGON C.F. MONDRAGON	J.D.MONDRAGON MONDRAGON	C.D.ANAITASUNA AZCOITIA	F.T.ANAITASUNA AZCOITIA	C.D.LAGUN ONAK AZPEITIA	S.D.BEASAIN BEASAIN
BEASAIN K.E. BEASAIN	C.D.BERGARA BERGARA	C.D.VERGARA BERGARA	S.D.EIBAR EIBAR	S.D.EIBAR B EIBAR	C.D.ELGOIBAR ELGOIBAR	C.D.HERNANI HERNANI	UNION CLUB IRUN
REAL UNION CLUB IRUN	REAL UNION CLUB B IRUN	S.C.D. MICHELIN LASARTE	S.D.ILINTXA LEGAZPIA	C.D.MOTRICO MUTRIKU	MUTRIKU F.T. MUTRIKU	OIARTZUN K.E. OIARTZUN	C.D.ALONA-MENDI OÑATI

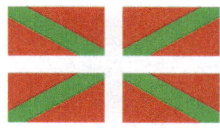

EUSKADI F.F

ALONA-MENDI K.E. OÑATI	ORDIZIA K.E. ORDIZIA	U.C.VILLAFRANCA ORDIZIA	PASAIA K.E. PASAJES ANCHO	C.D.PASAJES PASAJES ANCHO	C.D. TOURING RENTERIA	BERIO F.T. SAN SEBASTIAN	SAN SEBASTIAN C.F. SAN SEBASTIAN
DONOSTIA F.C. SAN SEBASTIAN	R. SOCIEDAD DE FUTBOL SAN SEBASTIAN	REAL SOCIEDAD B SAN SEBASTIAN	REAL SOCIEDAD C SAN SEBASTIAN	C.D. ESPERANZA SAN SEBASTIAN	UNIVERSIDAD E.H.U. SAN SEBASTIAN	C.D.VASCONIA SAN SEBASTIAN	ZUZENBIDE F.T. U.P.V. SAN SEBASTIAN
TOLOSA F.C. TOLOSA	ZARAUTZ K.E. ZARAUTZ	ZESTOA K.B. ZESTOA	ZUMAIAKO F.T. ZUMAIA	ZUMAYA F.C. ZUMAIA	S.D.UROLA ZUMARRAGA	VIZCAYA	ABANTO CLUB ABANTO–ZIERBANA
CLUB ARENAS ALGORTA–GETXO	C.D.GETXO ALGORTA–GETXO	C.D.GUECHO ALGORTA–GETXO	C.D.LARRAMENDI ALONSOTEGUI	S.D.AMOREBIETA AMOREBIETA	C.D.PADURA ARRIGORRIAGA	S.D. BALMASEDA F.C. BALMASEDA	S.D. VALMASEDA F.C. BALMASEDA
S.D.RETUERTO SPORT BARAKALDO	C.B. ALTOS HORNOS BARACALDO	BARACALDO-ORIAMENDI C.F.	BARACALDO F.C. BARAKALDO	BARACALDO CLUB BARAKALDO	BARAKALDO C.F. BARAKALDO	U.SAN VICENTE BARAKALDO	SPORTING DE LUCHANA BARAKALDO
C.D.BASCONIA BASAURI	C.D.BASKONIA BASAURI	BERMEO CLUB BERMEO	S.D.DEUSTO BILBAO	UNIVERSIDAD DEUSTO BILBAO	C.D.GARELLANO BILBAO	S.D.INDAUTXU BILBAO	S.D.IZARRA BILBAO
S.D.BEGOÑA BILBAO	ATHLETIC DE BILBAO BILBAO	ATHLETIC BILBAO BILBAO	ATHLETIC CLUB BILBAO	ATHLETIC CLUB B BILBAO	ATLETICO BILBAO BILBAO	BILBAO ATHLETIC BILBAO	BILBAO ATHLETICO BILBAO

EUSKADI F.F

C.D.PEÑA BILBAO	S.D.SAN IGNACIO BILBAO	SANTUTXU F.C. BILBAO	ZORROZA F.C. BILBAO	S.C.D.DURANGO DURANGO	C.D.ELORRIO ELORRIO	CLUB ERANDIO ERANDIO	ERANDIO CLUB 1931 ERANDIO
S.D.ERANDIO CLUB ERANDIO	APURTUARTE CLUB ASUA – ERANDIO	C.D.GALDACANO GALDAKAO	C.D.GALDAKAO GALDAKAO	S.D.GERNIKA CLUB GERNIKA - LUMO	GUERNIKA CLUB GERNIKA - LUMO	URITARRA K.T. LARRABETZU	S.D. LEIOA LEIOA
S.D. LEMONA LEMONA	C.D.MUNGUIA MUNGIA	C.D.MUNGIA MUNGIA	J.D.SOMORROSTRO MUSKIZ	C.D.AURRERA ONDARROA	C.D.ORTUELLA ORTUELLA	CLUB PORTUGALETE PORTUGALETE	NUEVO CLUB PORTUGALETE
C.F.PORTUGALETE PORTUGALETE	C.D.SANTURTZI SANTURTZI	C.D.SANTURCE SANTURTZI	S.D.SAN PEDRO SESTAO	CLUB SESTAO SESTAO	CLUB SESTAO SESTAO	SESTAO SPORT CLUB SESTAO	SESTAO RIVER CLUB SESTAO
SODUPE U.C. SODUPE	C.D.ARRATIA YURRE	URDULIZ F.T. URDULIZ	ZALLA U.C. ZALLA	S.D.ZAMUDIO ZAMUDIO	EUSKADIKO F.F.		

FEDERACIÓN EXTREMEÑA

EXTREMADURA	BADAJOZ	C.D.BADAJOZ BADAJOZ	C.D.BADAJOZ B BADAJOZ	C.D.BADAJOZ 1905 BADAJOZ	C.D.BADAJOZ 1905 B BADAJOZ	C.F.BADAJOZ BADAJOZ	C.D.BADAJOZ PROMESAS- BADAJOZ
E.M.D.ACEUCHAL ACEUCHAL	C.D.ACEUCHAL ACEUCHAL	C.P.ALBURQUERQUE ALBURQUERQUE	EXTREMADURA C.F. ALMENDRALEJO	EXTREMADURA C.F. B ALMENDRALEJO	EXTREMADURA U.D. ALMENDRALEJO	EXTREMADURA U.D. B ALMENDRALEJO	AT.SAN JOSE PROMESAS ALMENDRALEJO
C.D.SAN SERVAN ARROYO D SAN SERVAN	U.D.AZUAGA AZUAGA	C.D.AZUAGA AZUAGA	C.D.AZUAGA (U.D.) AZUAGA	U.D.BADAJOZ BADAJOZ	DEPORTIVO PACENSE BADAJOZ	A.D.CERRO REYES ATL. BADAJOZ	C.D.METALICA EXTREMEÑA-BADAJOZ
C.D.BURGUILLOS BURGO DEL CERRO	C.D.GRABASA BURGUILLOS-BURGO DC	C.P.CABEZUELA CABEZUELA DEL VALLE	CALAMONTE C.D. CALAMONTE	C.F.CAMPANARIO 1924 CAMPANARIO	C.F.CAMPANARIO CAMPANARIO	C.D.CASTUERA CASTUERA	C.D.DON ALVARO DON ALVARO
C.D.DON BENITO DON BENITO	U.D.FREXENENSE FREGENAL DE LA SIERRA	U.D.FUENTE DE CANTOS C.F- FUENTE DE CANTOS	C.P.GRAN MESTRE FUENTE DEL MESTRE	GUAREÑA C.P. GUAREÑA	C.P.GUAREÑA 2016 GUAREÑA	C.D.GUADIANA DEL CAUDILLO	C.D.HERNAN CORTES HERNAN CORTES
U.D.FORNANCENSE HORNACHOS	JEREZ C.F. JEREZ DE L. CABALLEROS	C.P.CRISTIAN LAY JEREZ DE L.CABALLEROS	C.P.VASCO NUÑEZ JEREZ DE L.CABALLEROS	C.D.LA ALBUERA LA ALBUERA	A.D.LOBÓN LOBÓN	A.D.LLERENENSE LLERENA	C.P.MEDELLIN MEDELLIN
C.P.MERIDA MERIDA	C.P.MERIDA B MERIDA	A.D.MERIDA MERIDA	U.D.MERIDA 2004 MERIDA	U.D.MERIDA 1990 MERIDA	C.P.MERIDA PROMESAS MERIDA	MERIDA INDUSTRIAL C.F MERIDA	S.D.EMERITENSE MERIDA
E.F.EMERITA AUGUSTA MERIDA	IMPERIO C.P. MERIDA	C.P.MONESTERIO MONESTERIO	MONTIJO U.D. MONTIJO	C.D.MORANTE MONTIJO	ORELLANA C.F. ORELLANA LA VIEJA	OLIVENZA C.F. OLIVENZA	C.P.OLIVENZA OLIVENZA

FEDERACIÓN EXTREMEÑA

OLIVENZA F.C. OLIVENZA	C.D.PASTAS GALLO PUEBLA DE LA CALZADA	A.D.PUEBLA PATRIA PUEBLA DE LA CALZADA	AT.PUEBLONUEVO PUEBLON. GUADIANA	C AT.PUEBLONUEVO 2022 PUEBLONUEVO	C.D.QUINTANA QUINTANA D L. SERENA	C.D.SANTA AMALIA SANTA AMALIA	C.D.SANTA MARTA STA MARTA DE BARROS
F.C.SAN VICENTEÑO S. VICENTE ALCANTARA	C.P.SAN VICENTEÑO S VICENTE ALCANTARA	U.C.LA ESTRELLA SANTOS DE MAIMONA	C.P.VALDIVIA VALDIVIA	C.D.VALDELACALZADA VALDELACALZADA	RACING VALVERDEÑO VALVERDE DE LEGANES	S.P.VILLAFRANCA VILLAF. DE LOS BARROS	SP. VILLANUEVA PROM. VILLANUEVA FRESNO
C.D.VILLANOVENSE VILLAN. DE LA SERENA	C.F.VILLANOVENSE VILLAN. DE LA SERENA	C.F.VILLANOVENSE 2017 VILLAN. DE LA SERENA	SP.C.VILLANOVENSE VILLANUEVA D SERENA	G.E.DITER ZAFRA ZAFRA	C.D.DITER ZAFRA ZAFRA	C.D.ZAFRA INDUSTRIAL ZAFRA	C.D.DITER ZAFRA MWM ZAFRA
U.D.DITER ZAFRA ZAFRA	CÁCERES	C.P.CACEREÑO CÁCERES	C.P.CACEREÑO B CÁCERES	C.D.CACEREÑO CÁCERES	C.D.DIOCESANO CÁCERES	ARROYO C.P. ARROYO DE LA LUZ	C.D.CORIA CORIA
C.D.CORIA-EMISAN CORIA	C.P.MALPARTIDA MALPARTIDA	C.P.CHINATO MALPARTIDA	C.D.MIAJADAS MIAJADAS	MONTEHERMOSO C.P. MONTEHERMOSO	C.P. MONTEHERMOSO 2022 MONTEHERMOSO	C.P.MORALEJA MORALEJA	MORALO C.P. NAVALMORAL MATA
MORALO C.P.1955 NAVALMORAL MATA	MORALO C.F. NAVALMORAL DE LA M.	U.P.PLASENCIA PLASENCIA	PLASENCIA C.F. PLASENCIA	C.D.PLASENCIA PLASENCIA	CIUDAD DE PLASENCIA PLASENCIA	C.P.AMANECER SIERRA DE FUENTES	C.P.ATALAYA TALAYUELA
C.P.TALAYUELA TALAYUELA	C.P.TALAYUELA- CETARSA - TALAYUELA	TRUJILLO C.F. TRUJILLO	C.P. VALENCIA DE ALCÁNTARA	F. EXTREMEÑA F.	CD.EXTREMADURA 1924 ALMENDRALEJO		

F.GALLEGA

R.F.GALLEGA F.	**LA CORUÑA**	**C.ATLETICO ARTEIXO** ARTEIXO	**C.F.CALVO SOTELO** AS PONTES	**C.D.ENDESA** AS PONTES	**C.D.AS PONTES** AS PONTES	**CASINO S.D.ARZUA** ARZUA	**BERTAMIRANS F.C.1933** BERTAMIRANS-AMES
BERTAMIRANS F.C. BERTAMIRANS-AMES	**CLUB BETANZOS** BETANZOS	**BETANZOS C.F.** BETANZOS	**BRIGANTIUM C.F.** BETANZOS	**C.D.BOIRO** BOIRO	**F.C.BERGANTIÑOS** CARBALLO	**BERGANTIÑOS C.F.** CARBALLO	**S.D.SOFAN** CARBALLO
C.C.D. CERCEDA CERCEDA	**DEPORTIVO DORNEDA** CF DORNEDA - OLEIROS	**S.D.DUBRA** VALLE DEL DUBRA	**ARSENAL C.F.** FERROL	**RACING FERROL F.C.** FERROL	**CLUB FERROL F.C.** FERROL	**RACING CLUB DE** FERROL	**RACING CLUB DE** FERROL B
CLUB GALICIA FERROL	**S.D.FINISTERRE** FINISTERRE	**S.D.FISTERRA (II)** FINISTERRE	**S.D.GRIXOA** GRIXOA	**CLUB DEPORTIVO** LA CORUÑA	**DEPORTIVO CORUÑA** LA CORUÑA	**R.C.D.LA CORUÑA** LA CORUÑA	**R.C.D.LA CORUÑA B** DEPORTIVO FABRIL
C.D.JUVENIL LA CORUÑA	**FABRIL S.D.** LA CORUÑA	**FABRIL DEPORTIVO** LA CORUÑA	**CLUB CORUÑA** EMDEM F.C. CORUÑA	**IMPERATOR O.A.R.** LA CORUÑA	**S.D.SILVA** LA CORUÑA	**C.SILVA S.D.** LA CORUÑA	**MONTAÑEROS C.F.** LA CORUÑA
U.D.PAIOSACO LA CORUÑA	**LARACHA C.F.** LARACHA	**S.C.D.MALPICA** DE BERGANTIÑOS	**MEIRAS C.F.** MEIRAS	**S.D.NEGREIRA** NEGREIRA	**S.D.NEGREIRA FEIRACO** NEGREIRA	**NOIA C.F.** NOIA	**NOYA S.D.** NOIA
S.D.O VAL O VAL – NARON	**C.F.MESON DO BENTO** ORDES	**S.D.C.ORDENES** ORDENES	**S.D.FLAVIA** PADRON	**C.F.NARON BALOMPIE** PINEIROS	**S.D.CULTURAL GALICIA** MEHA-MUGARDOS	**EUME DEPORTIVO S.D.** PONTEDEUME	**PUEBLA C.F.** PUEBLA DE CARAMIÑAL

F.GALLEGA

S.D.SPORTING SADA SADA	SANTA COMBA C.F. SANTA COMBA	C.AT. RIVEIRA SANTA EUGENIA	S.D. COMPOSTELA SANTIAGO	S.D. COMPOSTELA B SANTIAGO	S.D. COMPOSTELA 2004 SANTIAGO	CLUB SANTIAGO DE COMPOSTELA	C. ARENAL D SANTIAGO COMPOSTELA
S.D.CIUDAD DE SANTIAGO	S.D.VISTA ALEGRE S. COMPOSTELA	C.F.VISTA ALEGRE SANTIAGO	AG. ESTUDIANTIL V.A. SANTIAGO	U.D. SOMOZAS SOMOZAS	LUGO	S.GIMNASTICA LUCENSE LUGO	C.D.LUGO 1953 LUGO
C.D.LUGO LUGO	POLVORIN F.C. LUGO B LUGO	POLVORIN F.C. 1991 LUGO	F.C.POLVORIN LUGO	C.D.POLVORIN LUGO	BURELA S.D. BURELA	C.D.CASTRO CASTRO DE REY	C.D.FOZ FOZ
S.D.MINDONIENSE MONDOÑEDO	CLUB LEMOS MONFORTE DE LEMOS	SPORTING PONTENOVA PONTENOVA	RIBADEO C.F. RIBADEO	RACING C.VILLALBES VILLALBA	VIVEIRO C.F. VIVEIRO	U.D.XOVE LAGO XOVE	ORENSE
C.D. ARENTEIRO CARBALLINO	C.D. CARBALLINO CARBALLINO	U.D. BARBADAS BARBADAS	SP. CELANOVA C.F. CELANOVA	C. D. BARCO BARCO DE VALDEORRAS	A.D. COUTO ORENSE	C.ATLETICO ORENSE ORENSE	C.D.ORENSE ORENSE
C.D.ORENSE B ORENSE	C.D.OURENSE ORENSE	C.D.OURENSE B ORENSE	ATL. ARNOIA OURENSE	U.D.ORENSANA ORENSE	OURENSE C.F. ORENSE	U.D.OURENSE ORENSE	PUENTE C.F. ORENSE
GALICIA SPORT C. ORENSE F.C.	VERIN C.F. VERIN	PONTEVEDRA	PONTEVEDRA F.C. PONTEVEDRA	C.AT.PONTEVEDRES PONTEVEDRA	C.D.ESTRADENSE A ESTRADA	C.SPORTING GUARDES A GUARDA	C.RAPIDO DE BOUZAS BOUZAS

F.GALLEGA

C.D.BUEU BUEU	S.D.BUEU BUEU	C.D.CAMBADOS CAMBADOS	C.JUVENTUD CAMBADOS	ALONDRAS C.F. CANGAS DE MORRAZO	CLUB GONDOMAR GONDOMAR	CORUJO C.F. CORUXO	CORUJO F.C. CORUXO
CORUXO F.C. CORUXO	CRUCEIRO DE HIO C.F CANGAS DE MORRAZO	CELTIGA F.C. ISLA DE AROUSA	C.D.LALIN LALIN	MARIN C.F. MARIN	C.D.MOSTEIRO MOSTEIRO - MEIS	C.D.GROVE O GROVE	C.D.C.AREAS PONTEAREAS
S.D.JUVENIL PONTEAREAS	JUVENIL PONTEAREAS 1951 PONTEAREAS	EIRIÑA F.C. PONTEVEDRA	PORRIÑO INDUSTRIAL C.F.-PORRIÑO	CLUB ZELTIA PORRIÑO	C.D.PONTELLAS PORRIÑO	U.D.ATIOS PORRIÑO	CLUB PORTONOVO S.D. PORTONOVO
C.D.CHOCO 2018 REDONDELA	C.D.CHOCO 1953 REDONDELA	C.D.RIBADUMIA RIBADUMIA	CASELAS C.F. SALCEDA DE CASELAS	C.XUVENTUDE SANXENXO	TYDE F.C. TUY	C.D.VALLADARES VALLADARES – VIGO	CLUB BERBES VIGO
REAL C.CELTA VIGO	REAL C.CELTA B VIGO	S.CULTURAL TURISTA VIGO	CLUB TURISTA VIGO	CELTA TURISTA C.F. VIGO	CELTISTA GRAN PEÑA VIGO	CLUB GRAN PEÑA F.C. VIGO	CLUB CIOSVIN VIGO
UNION SPORTING C. VIGO	CLUB VIGUES VIGO	AROSA S.C. VILLA GARCIA DE AROSA	CLUB SAN MARTIN VILLA JUAN DE AROSA	VILLALONGA C.F. VILLALONGA			

F.RIOJANA

LA RIOJA	C.D.AGONCILLO AGONCILLO	C.D.ALBERITE ALBERITE	C.D.ALFARO ALFARO	S.D.ALFARO ALFARO	C.F.CIUDAD DE ALFARO ALFARO	C.D.ALDEANO ALDEANUEVA DE EBRO	C.D.ANGUIANO ANGUIANO
C.D.ARNEDO ARNEDO	C.D.AUTOL AUTOL	C.D.BAÑUELOS BAÑOS DE RIO TOBIA	A.F.CALAHORRA CALAHORRA	C.D.CALAHORRA CALAHORRA	C.D.CALAHORRA B CALAHORRA	CASALARREINA C.F. CASALARREINA	C.D.CENICERO CENICERO
C.D.SAN LORENZO EZCARAY	HARO DEPORTIVO HARO	A.C.D.SAN MARCIAL LARDERO	C.D.BERCEO LOGROÑO	C.D.LOGROÑO LOGROÑO	C.D.LOGROÑES LOGROÑO	C.D.LOGROÑES PROM. LOGROÑO	LOGROÑES C.F. LOGROÑO
C.D.RECREACION LOGROÑO	S.D.LOGROÑES LOGROÑO	AD.FUNDAC. LOGROÑES LOGROÑO	U.D.LOGROÑES LOGROÑO	U.D.LOGROÑES B LOGROÑO	C.D.VAREA LOGROÑO	S.D.LOYOLA LOGROÑO	D. MAESTRANZA AEREA LOGROÑO
C.F. PEÑA BALSAMAISO LOGROÑO	PEÑA BALSAMAISO C.F. LOGROÑO	C.P.CALASANCIO LOGROÑO	COMILLAS C.F. LOGROÑO	C.P.SAN COSME LOGROÑO	VALVANERA C.D. LOGROÑO	C.D.VILLEGAS LOGROÑO	YAGÜE C.F. LOGROÑO
RACING RIOJA C.F. LOGROÑO	RACING RIOJA C.F. SUPERNOVA B.	C.F.RAPID MURILLO MURILLO DE RIO LEZA	NAXARA C.D. NAJERA	C.D.TEDEON ESC.F. NAVARRETE	C.D. TEDEON NAVARRETE	C.D.PRADEJON PRADEJON	C.ATLETICO RIVER EBRO RINCON DE SOTO
C.D. LA CALZADA S. DOMINGO CALZADA	F.C.LA CALZADA SANTO DOMINGO	F.RIOJANA F.					

F.MADRILEÑA

F.F. MADRID	A.D.EL RAYO MADRID	A.D.RAYO VALLECANO MADRID	RAYO VALLECANO DE MADRID	RAYO VALLECANO SAD MADRID	RAYO VALLECANO B MADRID	AGROMAN C.F. MADRID	C.P.AMOROS MADRID
C.ATLETICO AVIACION MADRID	ATLETICO MADRID MADRID	AT. MADRID B MADRID	C. ATLETICO MADRID MADRID	C. AT.MADRILEÑO C.F. MADRID	AT. DE MADRID C MADRID	ATHLETIC C.DE MADRID MADRID	ATLETICO DE MADRID MADRID
REYFRA ATLETICO MADRID	C.D.CANILLAS MADRID	CD.CARABANCHEL BAJO MADRID	C.D.CARABANCHEL MADRID	C.D.CARABANCHEL 1995 MADRID	R.C.D.CARABANCHEL MADRID	AVIACO MADRILEÑO C.F MADRID	A.R.CHAMBERI MADRID
CLUB RACING MADRID MADRID	C.D.CIFESA MADRID	REAL MADRID F.C. MADRID	REAL MADRID C.F. MADRID	R. MADRID-CASTILLA C.F MADRID	REAL MADRID C.F. B MADRID	REAL MADRID C.F. C MADRID	R.MADRID AFICIONADO MADRID
MADRID FOOT-BALL C. MADRID	CASTILLA C.F. MADRID	CASTILLA F.C. MADRID	A.D.PLUS ULTRA MADRID	C.D.COLONIA MOSCARDO	C.D.COLONIA MOSCARDO 1945	C.D.COLONIA MOSCARDO 2022	C.D.CUATRO CAMINOS MADRID
C.D.FEMSA MADRID	C.D.FEMSA EDU. Y DEP. MADRID	A.D.EL PARDO MADRID	A.D.EL PARDO 1963 MADRID	A.D.UNION ADARVE MADRID	UNION ADARVE Bº PILAR	C.D.FUENCARRAL MADRID	U.D.GIROD MADRID
IMPERIO F.C. MADRID	DEPORTIVO MADRID MADRID	MADRILEÑO C.F. MADRID	C.D.MANUFACTURAS METALIC. MADRILEÑAS	A.D. MARAVILLAS MADRID	C.D.MARCONI MADRID	C.D.MEDIODIA MADRID	E.F.MORATALAZ MADRID

F.MADRILEÑA

C.D.NACIONAL MADRID	A.D.ORCASITAS MADRID	C.D.PARQUE MOVIL MADRID	C.D.PEGASO 1962 MADDRID
C.D.PEGASO 1963 MADRID	C.D.PEGASO MADRID	A.D.PELAYO MADRID	C.D.PUERTA BONITA MADRID
D.V.A.SANTA ANA MADRID	D.SANTANA C.F. MADRID	A.D.FERROVIARIA MADRID	A.D.TRANVIARIA MADRID
UNION SPORTIG CLUB MADRID	VALLECAS C.F. MADRID	C.D.VICALVARO MADRID	S.R.BOETTICHER NAVARRO
S.R.VILLAVERDE MADRID	VLLAVERDE S.ANDRES MADRID	C.D.LOS YEBENES–SAN BRUNO-MADRID	RSC. INTERNACIONAL FC MADRID
C.F.INTERNACIONAL DE MADRID	DUX INTERNACIONAL BOADILLA DEL MONTE	FLAT EARTH F.C. 2020 MADRID	FLAT EARTH F.C. MOSTOLES
R.S.D. ALCALA ALCALA DE HENARES	A.D.CMPLUTENSE ALCALA DE HENARES	A.D.ALCOBENDAS C.F. ALCOBENDAS	A.D.ALCOBENDAS ALCOBENDAS
ALCOBENDAS SPORT ALCOBENTAS	ALCOBENDAS SPT.1995 ALCOBENTAS	F.ALCOBENDAS SPORT ALCOBENDAS	SOTO ALCOBENDAS C.F. ALCOBENDAS
A.D.ALCORCON 1971 ALCORCON	A.D.ALCORCON 1971 B ALCORCON	A.D.ALCORCON ALCORCON	A.D.ALCORCON B ALCORCON
C.F.TRIVAL VALDERAS ALCORCON	R.ARANJUEZ C.F. ARANJUEZ	ARANJUEZ C.F. ARANJUEZ	ARAVACA C.F. ARAVACA
A.D.ARGANDA ARGANDA DEL REY	ATLETICO CERCEDILLA CERCEDILLA	C.D.CIEMPOZUELOS CIEMPOZUELOS	C.D.COBEÑA COBEÑA
C.D.URSARIA COBEÑA	C.U.COLLADO VILLALBA COLLADO VILLALBA	U.D.COLLADO VILLALBA COLLADO VILLALBA	A.D.COLMENAR VIEJO COLMENAR VIEJO
C.D.COSLADA COSLADA	C.D.CUBAS CUBAS	C.D.EL ALAMO EL ALAMO	C.F.FUENLABRADA FUENLABRADA
C.F.FUENLABRADA PROMESAS	C.D.E.LUGO FUENLABRADA	C.D.GALAPAGAR GALAPAGAR	C.D.COLONIA OFIGEVI GETAFE

F.MADRILEÑA

GETAFE C.F. GETAFE	GETAFE C.F. B GETAFE	C.GETAFE DEP.F.C. GETAFE	FC. GETAFE KELVINATOR GETAFE	C.D.GRIÑON GRIÑON	C.D.HUMANES HUMANES	C.D.LAS ROZAS C.F.2019 LAS ROZAS	LAS ROZAS C.F.2013 LAS ROZAS
LAS ROZAS C.F.2010 LAS ROZAS	C.D.LAS ROZAS 1966 LAS ROZAS	C.D.LEGANES LEGANES	C.D.LEGANES B LEGANES	C.D.FORTUNA LEGANES	C.F.RAYO 1976 MAJADAHONDA	C.F.RAYO MAJADAHONDA	C.D.MEJOREÑO MEJORADA DEL CAMPO
C.D.MOSTOLES MOSTOLES	MOSTOLES C.F. MOSTOLES	C.D.MOSTOLES U.R.J.C. MOSTOLES	MOSTOLES BALOMPIE MOSTOLES	C.D.A.NAVALCARNERO NAVALCARNERO	C.D.PARACUELLOS ANTAMIRA-P.JARAMA	C.D.PARACUELLOS PARACUELLOS JARAMA	A.D.PARLA PARLA
C.P.PARLA ESCUELA PARLA	C.ATLETICO PINTO PINTO	C.F.POZUELO POZUELO DE ALARCON	C.F.POZUELO 1943 POZUELO DE ALARCON	U.D.POZUELO POZUELO DE ALARCON	C.F.SAN AGUSTIN S.AGUSTIN D GUADALIX	C.D.SAN FERNANDO S.FERNANDO HENARES	U.D.SAN LORENZO DEL ESCORIAL
U.D.SAN SEBASTIAN DE LOS REYES	U.D.SAN SEBASTIAN DE LOS REYES 1971	C.TORNADO TRES CANTOS	GALACTICO PEGASO S.A.D.-TRES CANTOS	FUNDACION CD.PEGASO TRES CANTOS	C.D.F.TRES CANTOS TRES CANTOS	A.D.TORREJON C.F.2019 TORREJON DE ARDOZ	A.D.TORREJON C.F.2002 TORREJON DE ARDOZ
A.D.TORREJON 1953 TORREJON DE ARDOZ	TORREJON C.F. TORREJON DE ARDOZ	C.ATLETICO VALDEMORO	ATLETICO VELILLA C.F. DE SAN ANTONIO	F.C.VILLANUEVA DEL PARDILLO	A.D.VILLAVICIOSA VILLAVICIOSA DE ODON	MADRID	

F. MURCIANA

F.F.R.MURCIA	ATLETICO ABARAN ABARAN	ABARAN C.F. ABARAN	FUTBOL BASE ABARAN ABARAN	C.D.ABARAN 1948 ABARAN	C.D.ABARAN ABARAN	DITT ABARAN C.F. ABARAN	FRUTAS ABARAN C.F. ABARAN
ÁGUILAS C.F. ÁGUILAS	ÁGUILAS F.C. ÁGUILAS	C.D.ALHAMEÑO ALHAMA DE MURCIA	C.F. ALHAMA ALAMA DE MURCIA	E.F.ALHAMA ALHAMA DE MURCIA	ALCANTARILLA C.F. ALCANTARILLA	ALCANTARILLA F.C. ALCANTARILLA	NUEVA VANGUARDIA CF ALCANTARILLA
N.V.ESTUDIANTES DE MURCIA-ALCANTARILLA	C.D.ALGAR EL ALGAR – CARTAGENA	C.D.ALQUERIAS ALQUERIAS	C.D.ARTEL ALQUERIAS ALQUERIAS	S.F.C.MINERVA ALUMBRES	ARCHENA SPORT FC. ARCHENA	BARINAS C.F. BARINAS	C.D.BENIEL BENIEL
BLANCA C.F. BLANCA	C.D.BULLENSE BULLAS	C.D.BULLENSE 2020 BULLAS	CALASPARRA C.F. CALASPARRA	CARAVACA C.F. CARAVACA DE LA CRUZ	A.D.CARAVACA VERACRUZ-CARAVACA	U.D. CARAVACA CARAVACA DE LA CRUZ	U.D.CARTAGENERA CARTAGENA
CARTAGENA C.F. 1923-1951 CARTAGENA	C.D.CARTAGENA CARTAGENA	CARTAGENA F.C. CARTAGENA	CARTAGENA F.C. UCAM CARTAGENA	F.C.CARTAGENA CARTAGENA	F.C.CARTAGENA B CARTAGENA	C.F.CARTAGONOVA CARTAGENA	CARTAGENA PROM. C.F. CARTAGENA
C.ATLETICO CARTAGENA CARTAGENA	CARTAGENA ATLETICO CARTAGENA	ESCUELA F.SAN GINES CARTAGENA	C.D.GIMNASTICA ABAD CARTAGENA	ESCUELA F.ESPERANZA CARTAGENA	C.D.NAVAL CARTAGENA	F.C. CARTAGENA – LA UNION-CARTAGENA	LA UNION ATHLETIC LA UNION
C.D.LA UNION LA UNION	F.C.LA UNION AT. LA UNION	LA UNION C.F. LA UNION	C.F.LA UNION LA UNION	CEHEGIN C.F. CEHEGIN	A.D.CEUTI ATLETICO CEUTI	E.D.M.F.CHURRA CHURRA	C.D.CIEZA 1917 CIEZA

F. MURCIANA

CIEZA C.F.1952 CIEZA	C.D.CIEZA C.F.1962 CIEZA	C.D.CIEZA 1970 CIEZA	C.D.CIEZA PROMESAS CIEZA	COSTA CALIDA C.F. BENIAJAN	COTILLAS C.F. LAS TORRES D COTILLAS	A.D.COTILLAS C.F. LAS TORRES D COTILLAS	C.D.DOLORES PACHECO L DOLORES DE PACHECO
ESTRELLA GRANA EL PALMAR C.F.	C.F.CUTILLAS FORTUNA FORTUNA	C.EDECO FORTUNA FORTUNA	C.F. EDECO FORTUNA FORTUNA	FUENTE ALAMO F.C. FUENTE ALAMO	JUMILLA C.F.1975 JUMILLA	JUMILLA C.F. JUMILLA	JUMILLA F.C. JUMILLA
F.C.JUMILLA JUMILLA	CUARTO DISTRITO C.F. JUMILLA C.D.	A.D.LAS PALAS RELESA LAS PALAS	C.F.LORCA DEPORTIVA 2012-LORCA	LORCA D.OLIMPICO LORCA	C.F.LORCA DEPORTIVA LORCA	C.F.S.A.D.LORCA DEPOR. LORCA	LORCA DEP. C.F. B LORCA
C.D.LORCA LORCA	LORCA C.F.1994 LORCA	LORCA ATLETICO C.F. LORCA	LORCA PROMESAS C.F. LORCA	CIUDAD DE LORCA C.F. LORCA	LA HOYA DEPORTIVA CF. LORCA	LA HOYA DE LORCA B LORCA	LA HOYA DE LORCA C.F. LORCA
LORCA F.C. LORCA	LORCA F.C. B LORCA	LORCA C.F.1941 LORCA	F.C.LORCA LORCA	LORCA SPORT C. LORCA	E.M.D.LORQUI LORQUI	C.F.CIUDAD DE MURCIA MURCIA	C.F.CIUDAD D MURCIA B MURCIA
C.A.P.CIUDAD DE MURCIA	C.AT.CIUDAD DE LORQUI	MURCIA F.C. MURCIA	R.MURCIA F.C. MURCIA	C. REAL MURCIA MURCIA	REAL MURCIA C.F. MURCIA	REAL MURCIA C.F. B MURCIA	REAL MURCIA IMPERIAL C.F-MURCIA
C.ATLETICO MURCIA MURCIA	IMPERIAL C.F. MURCIA	IMPERIAL F.C. MURCIA	C.IMPERIAL PROMESAS RINCON DE LA SECA	REDMOVIL MURCIA CITY-MURCIA	UNIV.CATOLS.ANTONIO GUADALUPE	UCAM DE MURCIA MURCIA	UCAM DE MURCIA B MURCIA

F. MURCIANA

ALBERCA C.D. LA ALBERCA	C.D. LOS GARRES LOS GARRES	DEPORTIVA MINERA LLANO DEL BEAL	C.D.PLUS ULTRA LLANO DE BRUJAS	C.D.MAZARRON MAZARRON	MAZARRON C.F. MAZARRON	C.F.MOLINA MOLINA DE SEGURA	U.D. MOLINENSE MOLINA DE SEGURA
C.D.MOLINENSE MOLINA DE SEGURA	C.D.MOLINENSE 1994 MOLINA DE SEGURA	C.F.MORATALLA MORATALLA	C.F.MULEÑO MULA	ATLETICO MULEÑO MULA	A.D. SAN MIGUEL POZO DE LA HIGUERA	C.ATLETICO PULPILEÑO POZO DE LA HIGUERA	C.D.POZO ESTRECHO POZO ESTRECHO
C.D.JUVENIA POZO ESTRECHO	F.C.PUENTE TOCINOS PUENTE TOCINOS	C.D.BALA AZUL PUERTO DE MAZARRON	C.D. LUMBRERAS PUERTO LUMBRERAS	MURCIA DEPORTIVO C.F RINCON DE LA SECA	C.D. ROLDAN ROLDAN	MAR MENORC C.F. SAN JAVIER	C.D. MAR MENOR SAN JAVIER
A.D. MAR MENOR SAN JAVIER	A.D. MAR MENOR S.J. SAN JAVIER	SAN JAVIER C.F. SAN JAVIER	MAR MENOR F.C. SAN JAVIER	F.C.PINATAR SAN PEDRO D PINATAR	PINATAR C.F. SAN PEDRO	PINATAR C.F–E.M.F SAN PEDRO D PINATAR	SANGONERA AT. C.F. SANGONERA LA VERDE
AT. SANGONERA C.F. SANGONERA LA VERDE	AT. SANGONERA DE MURCIA-SANGONERA	SANGONERA VERDE CF SANGONERA LA VERDE	A.D.SANGONERA SANGONERA LA SECA	SANTOMERA C.F. SANTOMERA	C.F.TORREAGUERA TORREAGUERA	C.D.TORREPACHECO TORREPACHECO	CENTRO DEP.BALSICAS TORREPACHECO
C.D.BALSICAS TORREPACHECO	C.OLIMPICO TOTANA TOTANA	C.OLIMPICO JUVENIL TOTANA	YECLANO DEPORTIVO YECLA	YECLANO C.F. YECLA	C.D.YECLANO YECLA	C.D.YECLANO 1944 YECLA	F.F. MURCIA

FEDERACIÓN NAVARRA

NAVARRA	S.D.ALSASUA ALSASUA	C.D.RIVER EGA ANDOSILLA	C.D.AOIZ AOIZ	C.D.AVANCE EZCABARTE ARRE	C.D.ZARRAMONZA ARRONIZ	C.ATLETICO ARTAJONES ARTAJONA	C.D.PEÑA AZAGRESA AZAGRA
C.D.LAGUNAK BARAÑAN	U.C.D.BURLADES BURLADA	C.D.ALUVION CASCANTE	C.ATLETICO CASTEJON CASTEJON	C.ATLETICO CIRBONERO CIENTRUENIGO	C.D.CORELLANO CORELLA	C.D.CORTES CORTES	C.D.BAZTAN ELIZONDO
C.D.EGÜES EGÜES	C.D.VALLE DE EGÜES EGÜES	C.D.IZARRA ESTELLA – LIZARRA	C.D.FONTELLAS FONTELLAS	C.D.HUARTE HUARTE	C.D.ITAROA HUARTE	LAGUN ARTEA K.E. LAKUNTZA	BETI KOZKOR K.E. LEKUMBERRI
BETI GAZTE KJKE LESAKA	C.D.ILUMBERRI LUMBIER	C.D.MENDI MENDIGORRIA	MURCHANTE C.F. MURCHANTE	C.D.MURCHANTE MURCHANRTE	U.D.MUTILVERA MUTILVA BAJA	A.D.NOAIN NOAIN	F.C.BIDEZARRA NOAIN
C.D.ERRI BERRI OLITE	C.D.IDOYA OTEIZA DE LA SOLANA	U.D.C.CHANTREA PAMPLONA	U.D.C.TXANTREA K.K.E. PAMPLONA	C.D.IRUÑA PAMPLONA	C.ATLETICO OSASUNA PAMPLONA	C.ATLETICO OSASUNA B PAMPLONA	A.OSASUNA PROMESAS PAMPLONA
C.D.ROCHAPEANO PAMPLONA	A.D.SAN JUAN PAMPLONA	C.AT.AURORA PAMPLONA	C.D.OBERENA PAMPLONA	C.D.PAMPLONA PAMPLONA	C.D.AZKOYEN PERALTA	C.MULTIDEPORTE PERALTA	C.D.GARES PUENTE LA REINA
C.D.RIBAFORADA RIBAFORADA	C.D.SAN ADRIAN SAN ADRIAN	C.D.SANGÜESA SANGÜESA	C.D.CANTOLAGUA SANGUESA	C.D.SUBIZA SUBIZA	PEÑA SPORT F.C. TAFALLA	C.D.PEÑA SPORT TAFALLA	G.ALKARTASUNA TAFALLA
C.D.LOURDES TUDELA	C.D.TUDELANO TUDELA	C.D.URROZTARRA URROZ VILLA	C.AT.VALTIERRANO VALTIERRA	C.AT.VIANES VIANA	C.D.ALESVES VILLAFRANCA	C.D.BETI ONAK VILLAVA	C.D.ARDOI F.E. ZUZUR MAYOR

FEDERACIÓN VALENCIANA

F.F.C.VALENCIANA	ALICANTE	ALICANTE F.C. ALICANTE	ALICANTE C.F. ALICANTE	ALICANTE C.F. B ALICANTE	LUCENTUM C.F. ALICANTE	ALBATERA C.F. ALBATERA	C.D.ALBATERENSE ALBATERA
C.D. ALCOYANO ALCOI	HERCULES F.C. ALICANTE	ALICANTE C.D. ALICANTE	HERCULES DE ALICANTE ALICANTE	HERCULES C.F. ALICANTE	HERCULES C.F. B ALICANTE	C.D.ALMORADI 1944 ALMORADI	C.D.ALMORADI 1953 ALMORADI
ALONE C.F. GUARDAMAR	C.D.ALONE GUARDAMAR	U.D.ALTEA ALTEA	C.D.ASPENSE ASPE	U.D ASPENSE ASPE	BENIDORM C.D. BENIDORM	BENIDORM C.F BENIDORM	BIGASTRO C.F. BIGASTRO
CALLOSA DEPORTIVA CALLOSA DE SEGURA	CALPE C.D. CALPE	C.D.COX COX	CREVILLENTE DEPORT. CREVILLENT	CREVILLENTE INDUSTRIAL C.F.	C.D.DÉNIA DÉNIA	C.F.ATLETICO DENIA DÉNIA	C.D.DOLORES DOLORES
E.F.C. C.D. DOLORES DOLORES	ELCHE F.C. ELCHE	ELCHE C.F ELCHE	ELCHE C.F. B ELCHE	ELCHE ILICITANO C.F. ELCHE	C.D.ILICITANO ELCHE	C.D. ELDENSE 2021 ELDA	C.D.ELDENSE ELDA
U.D.ELDA ELDA	RAYO IBENSE C.F. IBI	C.D.JAVEA JÁVEA	C.D.LA NUCÍA LA NUCIA	C.F.LA NUCÍA LA NUCIA	CENTRO D.MONOVAR MONOVAR	MONOVAR C.D. MONOVAR	MURO C.F. MURO DE ALCOY
MUCHAMIEL C.F. MUTXAMEL	NOVELDA C.F. NOVELDA	ORIHUELA C.F. ORIHUELA	ORIHUELA DEPORT. C.F. ORIHUELA	E.D.PEGO C.F. PEGO	PEGO C.F. PEGO	U.D.HORADADA C.F. PILAR DE LA HORADADA	U.D.HORADADA PILAR DE LA HORADADA
PINOSO C.F. PINOSO	C.D.THADER ROJALES	F.C.INTERCITY SAN JUAN DE ALICANTE	F.C.JOVE.ESPAÑOL 2021 SAN VICENTE RASPEIG	F.C.JOVE.ESPAÑOL SAN VICENTE RASPEIG	C.D.ESPAÑOL SAN VICENTE RASPEIG	A.D.ESPAÑOL SAN VICENTE RASPEIG	U.D.ESPAÑOL SAN VICENTE RASPEIG

FEDERACIÓN VALENCIANA

SANTA POLA C.F.1968 SANTA POLA	SANTA POLA C.F. SANTA POLA	TORRELLANO C.F. TORRELLANO–ELCHE	ATHLETIC CLUB TORRELLANO	TORRELLANO IUCE C.F. TORRELLANO	C.D.TORREVIEJA TORREVIEJA	F.C.TORREVIEJA TORREVIEJA	TORREVIEJA C.F. TORREVIEJA
C.D.VILLAJOYOSA VILLAJOYOSA	VILLAJOYOSA C.F. VILLAJOYOSA	S.D.VILLAJOYOSA VILLAJOYOSA	VILLENA C.F. VILLENA	C.D.VILLENA VILLENA	CASTELLÓN	C.D.ALMAZORA ALMAZORA	C.D.BECHI BETXÍ
C.D.BENICARLO BENICARLÓ	C.D.BENICASSIM BENICASIM	C.D.BORRIOL BORRIOL	C.D.BURRIANA BURRIANA	C.D.CASTELLON 1922 CASTELLÓN	C.D.CASTELLON CASTELLÓN	C.D.CASTELLON B CASTELLÓN	C.D.CASTELLON AMAT. CASTELLÓN
SPORT C.DE LA PLANA CASTELLÓN	C.F.NULES 1931 NULES	C.F.NULES NULES	C.D.ONDA ONDA	C.D.ELS IBARSOS SIERRA ENGARCERÁN	C.D.SEGORBE SEGORBE	C.D.SEGARRA LA VALL D' UXO	U.D.VALL DE UXO LA VALL D' UIXÓ
C.D.RODA VILLARREAL	VILLARREAL C.F. VILLA-REAL	VILLARREAL C.F. B VILA-REAL	VILLARREAL C.F. C VILA-REAL	VINARÓZ F.C. VINARÓS	VALENCIA	C.D.ALACUAS ALAQUÀS	C.D.ALBERIQUE ALBERIC
PEÑA DEPVA SORIANO ALBERIC	ALBORAYA U.D. ALBORAYA	PATACONA C.F. ALBORAYA	C.D.ALCUDIA L' ALCÚDIA	U.D.ALZIRA ALZIRA	U.D.ALCIRA ALZIRA	C.D.JUVENTUD BARRIO CRISTO-ALDAIA	ALGEMESI C.F. ALGEMESÍ
U.D.ALGINET ALGINET	ATZENTA U.E. ATZENTA D'ALBAIDA	U.D.BENAGANIM BENAGANIM	C.D.BUÑOL BUÑOL	BURJASSOT C.F. BURJASSOT	U.D.CANALS CANALS	U.D.CARLET CARLET	U.D.CARCAGENTE CARCAIXENT
U.D.CARCAIXENT CARCAIXENT	CATARROJA C.F. CATARROJA	OLIMPIC DE CATARROJA CATARROJA	C.F.RECAMBIOS COLON CATARROJA	C.F.CULLERA CULLERA	C.D.PORTUARIOS EL GRAU DE VALÈNCIA	FOYOS C.D. FOIOS	C.F.GANDIA GANDIA

FEDERACIÓN VALENCIANA

OLLERIA C.F. L' OLLERIA	C.D.LA POBLA LLARGA LA POBLA LLARGA	C.F.LLIRIA LLÍRIA	C.D.LLOSA LLOSA DE RANES	U.D.MANISES MANISES	C.F.MISLATA MISLATA	U.D.OLIVA OLIVA	ONTINYENT C.F. ONTINYENT
ONTENIENTE C.F. ONTINYENT	PAIPORTA C.F. PAIPORTA	PAIPORTA C.F.1922 PAIPORTA	PATERNA C.F. PATERNA	PICASSENT C.F. PICASSENT	U.D.PUZOL PUZOL	U.D.PUÇOL PUZOL	U.D.CUART QUART DE POBLET
SPORTING C.REQUENA REQUENA	RIBARROJA C.F. RIBARROJA	S.F. SAGUNTINO SAGUNTO	ATHLETIC C.SAGUNTINO SAGUNTO	ATLETICO C.SAGUNTINO SAGUNTO	C.D.ACERO SAGUNTO	C.D.SAGUNTO SAGUNTO	SILLA C.F. SILLA
S.D.SUECA SUECA	U.D.TAVERNES DE LA VALLDIGNA	TORRENTE C.F. TORRENT	TORRENT C.F.1922 TORRENT	TORRENT C.F. TORRENT	C.D.UTIEL UTIEL	U.D. MALVARROSA EL GRAU DE VALÈNCIA	HURACAN VALENCIA C.F VALENCIA
C.D.A.SAN MARCELINO VALENCIA	GIMNASTICO F.C. VALENCIA	UD. LEVANTE GIMNASTICO	LEVANTE F.C. VALENCIA	ATCO. LEVANTE U.D. VALENCIA	LEVANTE U.D VALENCIA	LEVANTE U.D. B VALENCIA	C.F.TORRE LEVANTE VALENCIA
C.D.MESTALLA VALENCIA	VALENCIA C.F. VALENCIA	VALENCIA F.C. VALENCIA	VALENCIA C.DE F. VALENCIA	VALENCIA C.DE F. B VALENCIA	VALENCIA C.F. C VALENCIA	VALENCIA-MESTALLA CF VALENCIA	C.F.VILAMARXANT VILAMARXANT
VILAMARXANT C.F. VILAMARXANT	U.D.CASTELLONENSE VILLAN. DE CASTELLÓN	C.D.OLIMPIC XÀTIVA	F.F.C.VALENCIANA				

F.CÁNTABRA

F.CANTABRA F.	AMPUERO F.C. AMPUERO	S.D.TORINA BARCENA PIE CONCHA	S.D.P. NUEVA CASTILLA BARCENA PIE CONCHA	S.D.BARREDA BALOMP BARREDA	S.D.TEXTIL ESCUDO CABEZON DE LA SAL	C.F.VELARDE CAMARGO	VELARDE CAMARGO C.F CAMARGO
U.C.CARTES CARTES	C.D.SIETE VILLAS CASTILLO	A.D.SIETE VILLAS CASTILLO	U.D.SAMANO CASTRO URDIALES	CASTRO F.C. CASTRO URDIALES	C.D.COMILLAS COMILLAS	C.D.COLINDRES COLINDRES	S.D.BUELNA CORRALES DE BUELNA
C.D.ARENAS FRAJANAS EL ASTILLERO	S.D.UNION CLUB EL ASTILLERO	C.D.CULT. DE GUARNIZO EL ASTILLERO	U.MONTAÑESA ESCOBEDO CAMARGO	S.D.GAMA GAMA	TRASMIERA F.C. HOZ DE ANERO	S.D.AT. LA ALBERICIA LA ALBERICIA	C.D.LAREDO LAREDO
S.D.LAREDO LAREDO	S.D.SOLARES 1968 MEDIO CUDEYO	S.D.SOLARES MEDIO CUDEYO	E.M.F.MERUELO MERUELO	C.D.MIENGO MIENGO	S.D.NOJA NOJA	MARINA DE CUDEYO CF. PEDREÑA	F.C.RINCONEDA POLANCO
C.D.PONTEJOS PONTEJOS	S.D.REOCIN - PUENTE DE SAN MIGUEL	AYRON C.F. VARGA-PUENTE VIESGO	C.D.RAMALES RAMALES DE VICTORIA	C.D.NAVAL REINOSA REINOSA	S.D.REVILLA REVILLA CAMARGO	C.F.RIBAMONTAN AL MAR - GALIZANO	A.D. TRANSMIERA RIBAMONTAN AL MONT
C.D.BAQUEREÑO S.VICENTE D BARQUERA	CENTRO DEP.BEZANA STA CRUZ DE BEZANA	C.D.CAYON STA MA DE CAYON	C.AT. ESPAÑA DE CUETO SANTANDER	C.D.SAN JUSTO SANTANDER	C.D.TOLUCA SANTANDER	DEPORTIVO TANAGRA SANTANDER	C.D.JUVENTUD R. SANTANDER
R.RACING C SANTANDER SANTANDER	R.R.C. SANTANDER SANTANDER	RACING C.SANTANDER SANTANDER	R.RACING S.D. SANTANDER	R.RACING C SANTANDER SANTANDER	R.RACING CLUB B SANTANDER	RAYO CANTABRIA SANTANDER	RAYO S.D. SANTANDER

F.CÁNTABRA

E.M.D.SANTILLANA DEL MAR	SANTOÑA C.F. SANTOÑA	SELAYA C.F. SELAYA	C.F.MINERVA SUANCES	S.D.SAN MARTIN DE LA REINA - SUANCES	PEÑA D.EL TROPEZON TANOS	C.D.TROPEZON TANOS	C.D.TORRELAVEGA TORRELAVEGA
R.SOC.GIMNASTICA DE TORRELAVEGA 1943	R.S.GIMNASTICA DE TORRELAVEGA	R.S.GIM.DE TORRELAVEGA B	C.ATCO DEVA UNQUERA	C.D.VILLAESCUSA VILLAESCUSA	C.D.LOPE DE VEGA VILLAFUFRE	C.D.TARANZO SPORT VILLASEVIL TARANZO	C.F.VIMENOR VIOÑO DE PELAGOS
S.R.D.VIMENOR C.F. VIOÑO DE PELAGOS	F.CANTABRA F.						

NORTE AFRICA

PROTECTORADO	C.D.ALCAZAR ALCAZARQUIVIR	C.D.PESCADORES ALHUCEMAS	C.IMPERIO RIFFIEN FNIQED (CASTILLEJOS)	C.RIFFIEN CASTILLEJOS FNIQED (CASTILLEJOS)	C.IMPERIO JADÚ FNIQED (CASTILLEJOS)	C.F.LARACHE LARACHE	P.D.LARACHE LARACHE
S.D.VILLA NADOR NADOR	C.D.ALCAZABA TANGER	U.D.ESPAÑA DE TANGER TANGER	U.D. ESPAÑA TANGER	ESCU. HISPANO ARABE TANGER	C. MAGHREB EL AKSSA TANGER	U.D.SEVILLANA TANGER	UNION TANGERINA C.F. TANGER
ESPAÑOL C.F. TETUAN	ESPAÑOL C.F.II TETUAN	C.ATCO TETUAN TETUAN	NORTE DE AFRICA				

F. NORTE AFRICANAS

NORTE DE AFRICA	CEUTA	AG.D.CEUTA 1956 CEUTA	AG.D.CEUTA 1970 CEUTA	A.D.CEUTA F.C. 2019 CEUTA	A.D.CEUTA C.F. B CEUTA	AS.D.CEUTA 1997 CEUTA	AS.D.CEUTA B CEUTA
C.ATCO CEUTA 1956 CEUTA	C.CEUTI ATLETICO 1995 CEUTA	CEUTI ATLETICO 1992 CEUTA	A.D. ATLETICO CEUTA 2012	S.D.CEUTA CEUTA	S.D.CEUTA 1953 CEUTA	CEUTA SPORT CLUB CEUTA	S.D.UNION AFRICA CEUTI
C.D.BETIS DE HADÚ CEUTA	HERCULES DE CEUTA CF (BETIS JADU)	IMPERIO CEUTA S.D. CEUTA	C.D.MIRAMAR CEUTA	MURALLAS DE CEUTA F.C.	C.D.O' DONNELL CEUTA	C.RACING DE CEUTA CEUTA	U.F.D.RIFFIEN HADU CEUTA
C.F.SERRALLO CEUTA	CEUTA						
MELILLA	C.F.ATLETICO MAULLA	C.D.BASTO MELILLA	S.C.R.CASINO DEL REAL C.F.	C.D.GIMNASTICO MELILLA	GIMNASTICO MELILLA C.F. 1976	INTERGYM C.D. MELILLA	U.D.MELILLA 1946 MELILLA
U.D.MELILLA 1980 MELILLA	U.D.MELILLA B MELILLA	MELILLA C.F. MELILLA	MELILLA C.F.1958 MELILLA	S.D.MELILLA MELILLA	MELILLA C.D. MELILLA	MELILLA F.C. MELILLA	C.F.RUSADIR MELILLA
C.D.E.MELISTAR MELILLA	C.F.MELILLA INDUSTRIAL	C.F.INDUSTRIAL MELILLA	C.D.TESORILLO MELILLA	REAL DE MELILLA C.F. MELILLA	C.D.PEÑA R.MADRID CIUDAD DE MELILLA	C.F.RIVER MELILLA MELILLA	C.D.HURACAN MELILLA

Printed in Great Britain
by Amazon